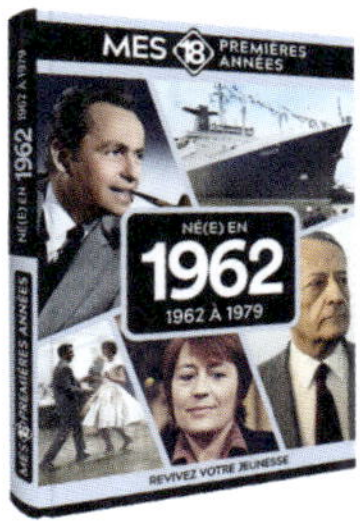

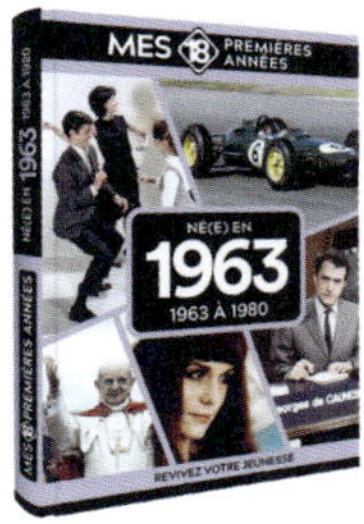

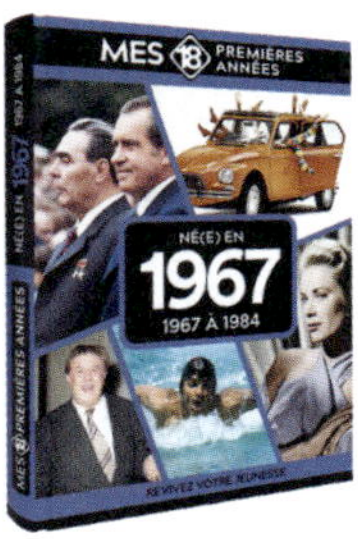

MES 18 PREMIÈRES ANNÉES

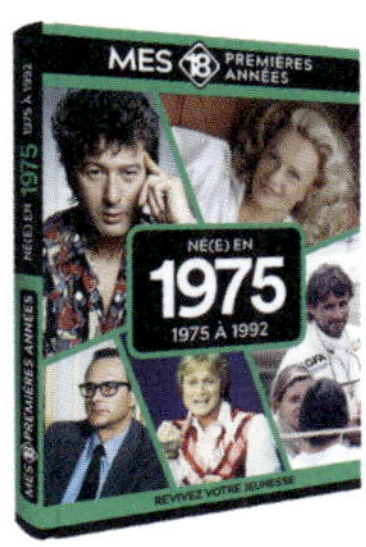

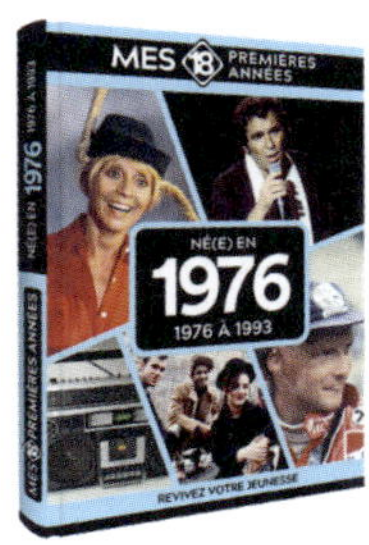

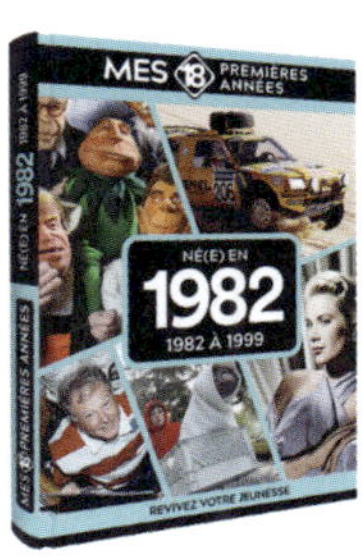

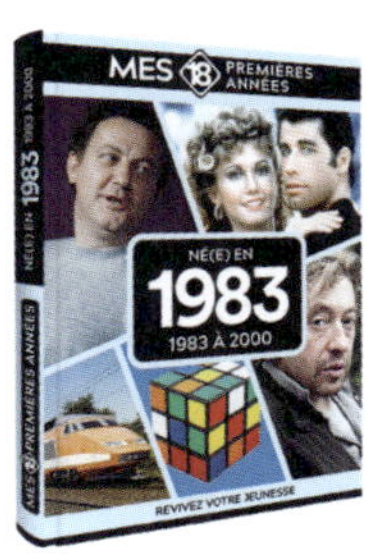

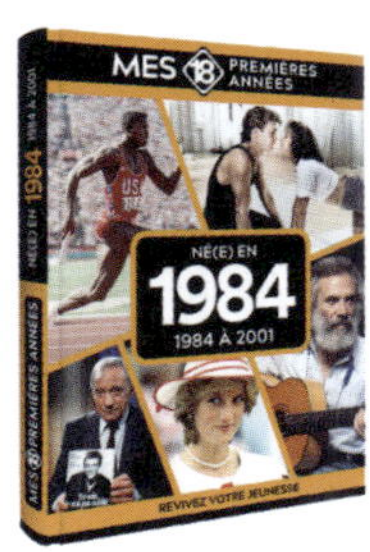

MES 18 PREMIÈRES ANNÉES

NÉ(E) EN

1985

1985 À 2002

www.mijneerste18jaar.nl
info@mijneerste18jaar.nl

Mes 18 Premières Années d'après une idée et un concept de Thars Duijnstee.
Recherche et texte : Hervé Loux, Jean-Louis Sparmont, Annie Faure, Nicolas Lescieux, Erik Verdonck, Jan Delvaux.
Composition et édition d'image : Jeffrey Roozeboom, Erik Verdonck.
Conception : Ferry Geutjes, Boudewijn van der Plas, Jeffrey Roozeboom.
Rédaction finale : Erik Verdonck, Olivier Faure.
Mise en page : Ferry Geutjes, Boudewijn van der Plas, Anouk Verkaik.

Photos : Nationaal Archief, Getty Images, Shutterstock, ANP, National Archive, Bundes Archiv, Erik Verdonck, Jeffrey Roozeboom.

Les rédacteurs ont utilisé les sources suivantes : Wikipedia, Rollingstone.com, L'Express, Le Figaro, Libération, France Soir, Le Monde, L'Equipe, Les Echos, Les Inrockuptibles. TV Magazine, Télé 7 Jours, Télé Z, Télé Loisirs, Femme Actuelle, Paris Match, Télé Star, Notre Temps, Télé 2 Semaines, Télérama, TV Grandes Chaînes.

Le top-10 de chaque année est composé par Jan Delvaux, la sélection est strictement personnelle. Les listes contiennent des classiques, des chansons françaises, pop et rock. Les top-10 reflètent l'ambiance d'une année et d'une époque. Il y a régulièrement des surprises, des morceaux oubliés et des (re)découvertes. Les tubes qu'on ne passe plus à la radio mais qui étaient populaires à l'époque.

Nous remercions : Jan Delvaux, Njord de Petter. Mode d'emploi listings Spotify :

1. Ouvrez Spotify
2. Cliquez sur Chercher (l'image de la loupe)
3. Cliquez sur scanner (l'image de la caméra)
4. Ciblez la caméra sur le code Spotify dans le livre
5. Ecoutez la liste sélectionnée !

ISBN 978 94 9337 376 1

NUR: 400

SPORT

VOUS SOUVENEZ-VOUS ?

Fusées

A

Paris-Rahier
Janvier 1985. Au terme de 14 000 km de parcours ensablés, c'est le belge Gaston Rahier, dossard 101 sur sa BMW 1000 GS, qui remportera l'épreuve dans la catégorie moto. Une seconde victoire d'affilée sur le Paris-Dakar après celle de 1984.

100 mètres nage libre
6 août 1985. Le nageur américain Matt Biondi bat 2 fois le record du monde du 100 mètres nage libre à Mission Viejo en Californie.

Platini au Heysel
29 mai 1985. C'est au Stade du Heysel à Bruxelles que Michel Platini rencontre, avec son club italien de la Juventus Turin, le Liverpool FC en finale de ce qui s'appelle alors la Coupe des clubs champions européens. Unique buteur du match sur pénalty à la 56e minute, Platoche, alors au sommet de son art, gardera pourtant un souvenir douloureux de cette soirée qui restera tristement célèbre lorsqu'un mouvement de foule en tribune entrainera la mort de 39 personnes et fera plus de 450 blessés.

B

Partie d'échecs historique
15 février 1985. La plus longue et plus intense partie d'échecs de l'histoire des championnats du monde prend fin de façon étonnante. Après plus de 5 mois et 48 parties jouées, dont 40 nulles, le match est interrompu sur un score d'égalité, et... annulé. Le challenger Garri Kasparov (22 ans) critique une décision qu'il juge non réglementaire et favorable au tenant du titre Anatoli Karpov. Une nouvelle rencontre aura lieu, à l'issue de laquelle Kasparov deviendra le plus jeune champion du monde.

4 JAN 1985
Un froid polaire touche la France. Cette vague de froid dure 2 semaines.

1 FEV 1985
Ari Vatanen impose sa Peugeot 205 Turbo 16 au rallye Monte Carlo.

25 MAR 1985
Le film *Amadeus* de Milos Forman gagne 8 Oscars.

1985

Boris Becker remporte Wimbledon
7 juillet 1985. Celui qu'on ne surnomme pas encore 'boum-boum', en référence à la puissance de son jeu et de son service, devient en 1985 le plus jeune vainqueur d'un tournoi du Grand Chelem, mais également le premier joueur non tête de série à remporter Wimbledon. L'allemand (17 ans) s'impose en 4 sets en finale face à l'Américain Kevin Curren, après avoir fait tomber le Français Henri Leconte en quart de finale.

Hinault égale Merkx
21 juillet 1985. Le Français Bernard Hinault remporte son cinquième Tour de France, égalant ainsi le record du Belge Eddy Merckx. Il devance Greg LeMond de 1'42" et l'Irlandais Stephen Roche de 4'29".

Jeannie Longo à grande vitesse
31 août 1985. Dans tous les palmarès il y a un point de départ. Pour Jeannie Longo, la première ligne de son palmarès mondial s'écrit en 1985, année de son premier titre mondial sur piste. Disputé à Giavera Del Montello dans la région italienne de la Vénétie, la Française remportera le premier de ses 3 titres mondiaux sur piste consécutifs en 1h53 min 10 sec, devant l'Italienne Maria Canins et l'Ouest-allemande Sandra Schumacher.

Alain Prost champion de Formule 1
6 octobre 1985. 5 ans après ses débuts en Formule 1 avec l'écurie McLaren, et alors qu'il y est associé à l'Allemand Niki Lauda, alors champion du monde en titre, Alain Prost remporte ce qui sera le premier de ses 4 titres de Champion du Monde de Formule 1. 'Le Professeur' ne devra pas attendre la fin de la saison, puisqu'il est titré à 2 manches de la fin de la saison, lors du Grand Prix d'Europe en Angleterre. Il terminera la saison avec 23 points d'avance sur son poursuivant direct, l'Italien Michele Alboreto et recevra dans la foulée la Légion d'Honneur.

6 AVR 1985
Wham! est le premier groupe musical occidental qui se produit en Chine.

22 MAI 1985
Les Français Michel Seurat (scientifique) et Jean-Paul Kauffman (journaliste) sont enlevés à Beyrouth.

14 JUN 1985
Le Traité de Schengen garantit la libre circulation entre la France, l'Allemagne de l'Ouest et le Benelux.

Le drame du Heysel
29 mai 1985. Finale de la Coupe des clubs champions européens au stade du Heysel, à Bruxelles entre les Italiens de la Juventus et les Britanniques de Liverpool. Dès l'avant-match, l'ambiance s'échauffe entre supporters italiens et britanniques : ceux-ci abattent les clôtures censées les séparer des tifosi pour attaquer les Italiens. Bien vite, la situation dégénère, avec des supporters italiens piétinés ou coincés contre les parois de béton des gradins. Bilan des troubles : 39 morts et plus de 400 blessés. Malgré ce drame, le match a lieu, qui est remporté par la Juventus, après un penalty tiré par Michel Platini. Le drame du Heysel initiera nombre de règles plus strictes de sécurité pour les stades de football et les alentours.

Coluche épouse Le Luron
25 septembre 1985. « Pour le meilleur et pour le rire », c'est ainsi que sera qualifié ce faux mariage célébré à Montmartre entre Thierry Le Luron et Coluche. La fausse union entre les deux humoristes rassemblera une foule importante venue voir Carlos déguisé en bébé ou encore Eddie Barclay déguisé en femme.

Le Pont-Neuf emballé
7 octobre 1985. Les artistes Christo et Jeanne-Claude emballent le Pont-Neuf en plein centre de Paris. Le plus vieux pont de Paris est ainsi recouvert par plus de 40 000 mètres carrés de toile ocre tenue par 13 km de corde et 12 tonnes de chaînes en acier.

ACTUALITES

Eté meurtrier sur le rail
3 août 1985. C'est à 15h48 que l'autorail effectuant le trajet Rodez-Brive et le train Corail effectuant Paris-Capdenac se percutent frontalement près de la gare de Flaujac dans le Lot. La raison de la catastophe ? Une erreur de compréhension du chef de gare qui, ayant mal interprété l'appel d'un collègue, n'a pas fait stationner 1 des 2 trains en attendant que l'autre passe. Le bilan : 35 morts et 91 blessés.

7 JUL 1985
Victoire du Brésilien Nelson Piquet sur une Brabham-BMW au GP Automobile de France.

5 AOÛ 1985
L'animateur de *La chasse au trésor*, Philippe de Dieuleveult, disparaît lors d'une expédition au Zaïre.

24 SEP 1985
Un tremblement de terre au Mexique coûte la vie à 1 952 personnes et il y a 2 000 disparus.

1985

Et de huit !
25 octobre 1985. C'est à 23 h que, le vendredi 25 octobre 1985, les Françaises et les Français ont découvert la numérotation téléphonique à 8 chiffres. Cette refonte divisera la France métropolitaine en 2 zones, l'Île-de-France et le reste du territoire.

Victoires de la Musique
Alors ministre de la Culture, Jack Lang impulse 2 nouveaux rendez-vous qui feront date dans le monde culturel français. Côté septième art, la Fête du cinéma propose, l'espace d'une journée, d'accéder à des projections de films pour seulement un franc. Côté quatrième art, c'est les Victoires de la Musique au Moulin Rouge.

Prise d'otage de 36 h
19 décembre 1985. Alors qu'il comparait, avec 3 complices devant la Cour d'Assises de Nantes dans le cadre de son procès pour un braquage de banque, Georges Courtois prend en otage les magistrats, les journalistes, le public, les jurés et les policiers présents, avant de prendre la fuite en voiture en direction de l'aérodrome le plus proche.

Coluche lance les Restos du Cœur
21 décembre 1985. C'est sous une tente située dans un terrain vague du 19e arrondissement de Paris que nait le premier Resto du Cœur. Le projet lancé à l'initiative de l'humoriste Coluche, verra fleurir une vingtaine d'antennes régionales en seulement 15 jours. Parrainée par Daniel Balavoine et soutenue par des grands noms tels que Jean-Jacques Goldman, Michel Drucker ou Nathalie Baye, la campagne 1985 des Restos du Cœur sera malheureusement la seule pour Coluche qui trouvera la mort dans un accident de moto quelques mois plus tard.

Explosions à Paris
12 décembre 1985. En plein préparatifs de Noël, 2 bombes explosent à quelques mètres d'intervalle dans le quartier Opéra-Haussmann. L'une dans le rayon vaisselle du sous-sol des Galeries Lafayette, puis l'autre quelques minutes plus tard, dans le rayon parfumerie du Printemps. Un attentat qui fera 43 blessés et qui sera attribué au groupe Abou Nidal, déjà à l'origine de l'attentat de la rue des Rosiers en 1982, pour le compte du Hezbollah.

18 OCT 1985
Création du consortium franco-britannique TransManche Link chargé de construire le tunnel sous la Manche.

20 NOV 1985
Sortie de Windows 1.0, première version du système d'exploitation de Microsoft.

23 DÉC 1985
Création de la chaîne de télévision Canal J pour les enfants de 7 à 14 ans.

POLITIQUE

Rocard démissionne

5 avril 1985. Seulement 2 jours après l'adoption par le Conseil des ministres du mode de scrutin proportionnel en vue des élections législatives de 1986, Michel Rocard, alors ministre de l'Agriculture et poids lourd du Parti socialiste de l'époque, donne sa démission au premier ministre Laurent Fabius.

Schengen

14 juin 1985. Les dirigeants du Benelux (Belgique, Pays-Bas, Luxembourg), de l'Allemagne et de la France se retrouvent sur un bateau sur la Moselle, devant le village luxembourgeois de Schengen, à proximité de la frontière française. Ils décident de supprimer progressivement les contrôles douaniers à leurs frontières respectives. Les accords conclus créeront ainsi une 'zone Schengen' exempte de contrôles pour les personnes et les biens. Le Traité de Schengen entrera en vigueur en 1995.

ACTUALITES INTERNATIONALES

Ancêtre de la voiture électrique

1985 voit le lancement d'une voiture électrique, la britannique Sinclair C5. Voiture, c'est beaucoup dire, car il s'agit en réalité d'un véhicule à 3 roues sans toit, ressemblant plutôt à une grosse moto. La C5 est entraînée par un moteur de 250 watts, alimenté par une batterie de 12 volts. Cet équipement lui permet de parcourir 32 kilomètres à la vitesse de 24 km/h. Ce sera un flop.

Apôtre de la paix

7 avril 1985. Le nouveau leader du Parti communiste soviétique, Michaïl Gorbatchev, décide d'un moratoire unilatéral, qui renonce au placement de missiles soviétiques à moyenne portée SS-20 en Europe. Partisan de la paix, il prépare un plan quinquennal, destiné à redresser son pays. Sa politique est guidée par trois lignes de force : « Uskorenie » (développement économique accéléré), « perestroïka » (réformes approfondies) et « glasnost » (ouverture et transparence).

1985

L'ange de la mort
6 juin 1985. Le squelette de Josef Mengele est retrouvé dans une tombe de São Paulo au Brésil. Ce médecin SS est responsable de la mort de centaines de milliers de juifs au cours de la Seconde Guerre mondiale. Dans le camp de concentration et d'extermination d'Auschwitz, il sélectionnait les déportés qui devaient être gazés et menait des expériences médicales mortelles sur des détenus. A la fin de la guerre, il est parvenu à se réfugier en Amérique latine.

Elargissement européen
12 juin 1985. Le premier ministre espagnol Felipe González et son homologue portugais Mario Soarez apposent leurs signatures au bas du traité officialisant l'entrée de leurs 2 pays dans la Communauté européenne. Celle-ci compte à présent 13 états membres. En Espagne, l'événement est 'fêté' par différents attentats des nationalistes basques de l'ETA.

Victoire de Ronald Reagan

Le Président américain Ronald Reagan est réélu pour un second mandat par une majorité écrasante. L'ancien acteur doit son succès à une certaine fierté nationale qu'il symbolise et à une situation économique florissante.

Fiasco du nouveau Coca
10 juillet 1985. Les ventes de la boisson Coca-Cola ne se portent pas bien, victimes de la concurrence avec la marque Pepsi-Cola. Coca décide d'adapter sa recette de fabrication en ajoutant encore du sucre à une boisson désormais baptisée 'New Coke'. C'est un échec retentissant et la nouveauté suscite la protestation de maints buveurs de Coca-Cola. Le New Coke disparaît donc et le Coca traditionnel fait son retour.

L'affaire du Rainbow Warrior
10 juillet 1985. Le navire porte-étendard du mouvement écologiste Greenpeace, le Rainbow Warrior fait route sous pavillon néerlandais vers la Nouvelle-Zélande, pour y protester contre les essais nucléaires français. Mais il n'arrivera pas à ses fins : alors qu'il mouille dans le port neo-zélandais d'Auckland, il est saboté et coulé, un attentat commis par des agents des services secrets français, avec l'assentiment du Président Mitterand. Un photographe néerlandais Fernando Pereira perd la vie.

L'épave du Titanic
1er septembre 1985. Une mission franco-américaine pilotée par Robert Duane Ballard retrouve l'épave du Titanic. Recherché depuis son naufrage en 1912, le bateau est retrouvé à 3 821 m de profondeur, les deux parties situées à plus de 600 m l'une de l'autre.

Le sida fait rage
2 octobre 1985. Le décès de l'acteur américain Rock Hudson ne passe pas inaperçu ; le grand public prend conscience de la réalité du sida et des ravages causés par la maladie. Les statistiques révèlent qu'en Europe, le nombre de patients atteints a triplé en un an, atteignant 1 126 cas. Aux Etats-Unis, ce chiffre est 10 fois plus important à la fin du mois de juillet.

Michel Audiard
28 juillet 1985. Le célèbre réalisateur et dialoguiste français décède à Paris. S'inspirant de la gouaille du peuple parisien, ses dialogues sont sa marque de fabrique et font date dans l'histoire du cinéma français, c'est notamment le cas de la réplique de Lino Ventura dans *Les Tontons Flingueurs* : « les cons ça ose tout, c'est même à ça qu'on les reconnaît ! »

DIVERTISSEMENT

Terminator
24 avril 1985. Ce film met en scène un robot envoyé depuis le futur, dont la mission est d'assassiner une femme afin de l'empêcher de donner naissance à celui appelé à devenir le leader de la future résistance humaine contre l'oppression des robots. Ce film est salué pour les prouesses techniques et la réalisation du tout jeune James Cameron.

Emir Kusturica Palme d'Or
20 mai 1985. La 38e édition du Festival de Cannes, présidée par le réalisateur américain Milos Forman, récompense Emir Kusturica pour son film *Papa est en voyage d'affaires*. Cette comédie dramatique raconte l'histoire, dans la Yougoslavie communiste des années 50, d'un quiproquo mêlant adultère et dénonciation politique.

Super Mario
Le plombier italien Mario fait son apparition dans le jeu *Super Mario Bros.* L'image video se révèle particulièrement dynamique. Quant à Mario, il s'escrime à délivrer la Princesse Peach des bras de la méchante tortue géante Bowser...

Maguy
8 septembre 1985. Une femme, âgée de la cinquantaine, son troisième mari, sa fille et leur aide-ménagère. Voici en substance les personnages principaux de la série *Maguy* dont le premier épisode diffusé en 1985 laisse place à 332 autres épisodes sur une période de 8 ans et rencontre un succès immédiat auprès du public français. Elle révèle Rosy Varte, Jean-Marc Thibault et Marthe Villalonga, les 3 interprètes principaux.

1985

Tournez Manège !
9 septembre 1985. Tournez Manège sur TF1 met en avant de jeunes et futurs couples dans le *Jeu des Célibataires*, consistant en une épreuve de questions / réponses entre des hommes et des femmes ne pouvant se voir et devant donc s'accorder et se choisir sur base de leurs réponses à la question de l'autre.

Emilie Jolie
Conte musical créé par Philippe Chatel, *Emilie Jolie* raconte l'histoire d'une jeune fille qui, apeurée alors que ses parents sont sortis, plonge dans un monde imaginaire. La version scénique voit le jour sous la forme d'une comédie musicale donnée au Cirque d'Hiver puis au Casino de Paris.

Coquilles de fruits

Simone Signoret
30 septembre 1985. Immense actrice et star mondiale, Simone Signoret a longtemps été la seule actrice française à avoir reçu un Oscar (*Les Chemins de la haute ville* en 1960). Elle accède à la célébrité avec le film *Casque d'Or* en 1952. Alors épouse d'Yves Montand, elle forme avec lui un des couples les plus en vue de l'époque, ils tourneront ensemble, notamment dans *Les Sorcières de Salem* en 1954. L' actrice engagée décède d'un cancer du pancréas à l'âge de 64 ans.

Retour vers le futur
30 octobre 1985. Ce film de science-fiction relate le voyage dans le passé de Marty McFly, suite à l'utilisation de la mythique DeLorean - une voiture servant de machine à remonter le temps - construite par son ami le Dr Emmett Brown dit 'Doc', savant fou. Débarqué accidentellement en 1955, Marty y croisera ses parents alors célibataires et étudiants, et devra réparer les erreurs et autres « paradoxes temporels ».

Les branchés débranchés

Mélangez une sitcom traditionnelle avec des scènes burlesques, teintées de violence et de situations absurdes, et vous obtenez la très populaire série de comédie britannique *Les branchés débranchés*. Les situations étranges ou anarchiques, les longs intermèdes, les animaux parlants, ou encore les scènes et prestations musicales n'ayant rien à voir avec l'intrigue principale s'y succèdent. La série est diffusée sur Canal+.

MUSIQUE

Les erreurs chantées

Les sunlights des tropiques de Gilbert Montagné est une chanson qui est depuis longtemps chantée à tue-tête dans les discothèques et les fêtes de mariage. L'erreur géographique majeure de la chanson ne dérange personne. En effet, Montagné chante « Vivre sous l'équateur du Brésil, entre Cuba et Manille ». C'est une belle rime. Mais Cuba et Manille sont dans l'hémisphère nord.

Mistral gagnant

Renaud écrit un texte pour sa fille Lola. Il parle de son enfance idéale avec ses 6 frères et soeurs. Comme il s'agit d'un témoignage très personnel il hésite à mettre la chanson sur son nouveau disque. Il fait écouter *Mistral gagnant* à sa femme Dominique. Elle menace de le quitter s'il n'enregistre pas la chanson. Chose faite.

Live Aid

13 juillet 1985. Le succès du groupe caritatif Band Aid donne au chanteur Bob Geldolf l'idée d'organiser un double concert transatlantique : il s'agit de remplir le stade de Wembley et le Madison Square Garden à New York. Parmi les vedettes sur scène : Queen, Elvis Costello, B.B. King, Black Sabbath, Sting, Crosby, Stills & Nash, U2, The Beach Boys, David Bowie, The Who, Mick Jagger, Elton John, Paul McCartney, Madonna, Bob Dylan et bien d'autres.

1985

Tombé pour la France
29 avril 1985. Etienne Daho est devenu le nouveau rocker préféré des Français. Le Breton domine les hit-parades et les discothèques avec la chanson *Tombé pour la France*. L'émission *Les Enfants du Rock* réalise un long portrait dans lequel il interprète *Et si je m'en vais avant toi* avec Françoise Hardy.

MES 18 PREMIÈRES ANNÉES

TOP 10 1985

1. **A-ha** *Take On Me*
2. **Kate Bush** *Running Up That Hill*
3. **Étienne Daho** *Tombé pour la France*
4. **Gold** *Plus près des étoiles*
5. **Gilbert Montagné** *Les sunlights des tropiques*
6. **Opus** *Live Is Life*
7. **Renaud** *Mistral gagnant*
8. **Téléphone** *Un autre monde*
9. **Simple Minds** *Don't You (Forget About Me)*
10. **USA for Africa** *We Are The World*

Open | Search | Scan

Je te donne
C'est en octobre 1985 que sort *Je te donne*, de Jean-Jacques Goldman et Michael Jones. Dès sa sortie le single devient numéro 1 du Top 50 et le restera pendant 8 semaines de suite. C'est le premier coup d'éclat du duo formé en 1983, qui leur permet de décrocher un disque de platine.

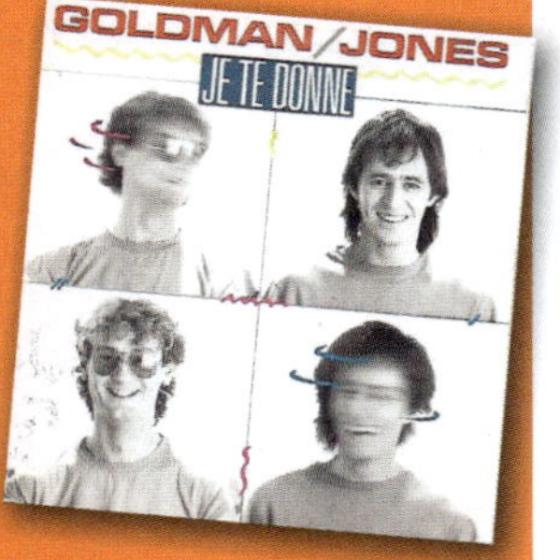

Francofolies de La Rochelle
10 - 14 juillet 1985. A l'initiative de Michel Crépeau, et sous la direction de Jean-Louis Foulquier, la ville de La Rochelle voit la création d'un festival de musique, les Francofolies. L'événement a pour ambition de mettre à l'honneur la francophonie dans la chanson et devient très rapidement l'un des rendez-vous musicaux majeurs en France.

A2

Jean-Pierre Mader
Issue de son deuxième album studio, la chanson *Macumba* nous raconte l'histoire d'une accro aux discothèques qui y passe toutes ses soirées pour danser. Sorti en février 1985, ce morceau rencontre le succès immédiatement, restant 8 semaines dans le Top 10 et 23 semaines dans le Top 50.

SPORT

Mythique Guadalajara

21 juin 1986. 4 ans après la défaite en demi-finale face à l'Allemagne à Séville en 1982, l'équipe de France et son carré magique reviennent en force au Mexique cet été-là. Après un quart de finale d'anthologie remportée aux penaltys face au Brésil, le destin de l'équipe de France s'arrêtera à nouveau face à ces mêmes allemands (RFA), à Guadalajara. Epuisés, les bleus s'inclineront 2-0, sans contestation possible. C'est la fin de la génération Platini, qui aura duré 10 ans, qui aura remporté entre temps son premier titre avec le championnat d'Europe en 1984.

Antoine Albeau

Peu connu du monde médiatique mais pourtant son palmarès est l'un des plus grands. En effet, il est sacré champion du monde de planche à voile. Il obtient son première titre en 1986, puis à 25 reprises dans sa carrière.

Michael Jordan

Les 'play off' du championnat de basket NBA révèlent une future légende de ce sport : Michael Jordan (23 ans). Il marque 63 points pour ses Chicago Bulls dans un match contre les Boston Celtics.

Un Américain à Paris

Greg LeMond, vainqueur du Tour de France en devançant le quintuple vainqueur français Bernard Hinault, à 3'10'' et le Suisse Urs Zimmermann à 10'54''.

La main de Dieu

22 juin 1986. Quart de finale de la Coupe du monde de football : la star argentine Diego Maradona ne se gêne pas pour marquer de la main un but contre l'Angleterre en quart de finale de la compétition. L'arbitre n'a rien vu et à l'issue du match, remporté par les Argentins, Maradona déclare naïvement qu'il a scoré grâce à la « main de Dieu. » Avant cela, il a marqué le but victorieux du même match, après avoir mystifié 6 joueurs anglais.

11 JAN 1986

L'explorateur français François Varigas atteint le pôle Sud, seul avec un attelage de 11 chiens sur 1 600km.

28 FEV 1986

Le Premier ministre suédois, Olof Palme, est assassiné à Stockholm. L'affaire n'a jamais été résolue.

24 MAR 1986

Le film *Souvenirs d'Afrique* remporte 7 Oscars, dont celui du meilleur film et de la meilleure mise en scène.

1986

Premier sacre pour le PSG
Juin 1986. Pour son seizième anniversaire, le Paris Saint-Germain décroche le premier titre de champion de sa jeune histoire. Avec Gerard Houllier sur le banc, les futures légendes du club Luis Fernandez, Joël Bats, Dominique Rocheteau ou Safet Sušić permettent au club de triompher. Cette année-là, le PSG survole les débats en étant meilleure attaque et avec une série de 26 matchs sans défaite. Le club attendra près de 10 ans pour son second sacre.

VOUS SOUVENEZ-VOUS ?

Honda Dax

Mike Tyson
22 novembre 1986. Agé de 20 ans, l'Américain Mike Tyson devient le plus jeune champion du monde de boxe des poids lourds, depuis que ce sport existe.

ACTUALITES

La France dans l'espace
22 février 1986. Cette nuit-là, à 2 h 44 du matin heure de Paris, la fusée Ariane 1 V-16 s'envole de Kourou. Pour son dernier vol, Ariane 1 a une mission de taille : envoyer en orbite le premier satellite français d'observation, réalisé en coopération avec la Belgique et la Suède. Après 14 minutes et 39 secondes, le succès est au rendez-vous ! Champagne !

Paul Bocuse
3 étoiles au Guide Michelin de 1965 à sa mort en 2018... Paul Bocuse est considéré comme un des plus grands chefs cuisiniers de France. Il fait sortir les chefs de leur cuisine et contribue à leur médiatisation. À la fois précurseur de la nouvelle cuisine et maître de la cuisine traditionnelle, il incarne une cuisine simple et authentique.

26 AVR 1986
1 des 4 réacteurs de la centrale nucléaire de Tchernobyl en Ukraine explose.

1 MAI 1986
L'Espagne et le Portugal rejoignent la Communauté européenne.

29 JUN 1986
Des scientifiques à San Diego (Etats-Unis) constatent un trou grandissant dans la couche d'ozone.

Dils condamné à tort
28 septembre 1986. Patrick Dils, âgé de 16 ans, découvre le corps de 2 enfants assassinés près de chez lui au retour d'un weekend dans la maison de campagne de la famille. La police l'interpelle pour les besoins de l'enquête. Après une garde à vue de 36 h, il avouera avoir commis ce double meurtre, sous la pression des enquêteurs. A la faveur d'une enquête sur le tueur en série Francis Heaulme, en 1997, un procès en révision s'ouvrira, innocentant Patrick Dils. Il s'agit à ce jour d'une des plus grandes erreurs judiciaires en France.

PDG assassiné
17 novembre 1986. Georges Besse, PDG de la Régie Renault, est assassiné par 2 femmes en rentrant chez lui, dans le XIVe arrondissement à Paris. Action Directe revendique le meurtre. Le groupe rebelle a en effet décidé de s'attaquer à des cibles vivantes, représentant pour celui-ci les symboles de l'exploitation capitaliste et l'impérialisme américain. Les leaders seront arrêtés en février 1987, mettant fin aux actions d'Action Directe.

La crêpe dentelle
La crêpe dentelle a 100 ans. Cette délicatesse aurait été inventée en 1886 par la Quimpéroise Marie-Catherine Cornic. Elle aurait oublié une crêpe et l'aurait trop fait cuire. Elle décide alors de la plier.

Musée d'Orsay
1er décembre 1986. La gare d'Orsay est transformée en musée. Le bâtiment a été construit en 1900 à l'occasion de l'Exposition universelle de Paris. Il met désormais à l'honneur l'art occidental de la seconde partie du XIXe siècle.

Mort dans une manif
5 décembre 1986. Malik Oussekine trouve la mort dans une contestation étudiante contre le projet de loi Devaquet. 2 policiers de la brigade des voltigeurs sont accusés d'avoir frappé à mort le jeune homme. Les 2 voltigeurs sont condamnés à 2 et 5 ans de prison avec sursis.

18 JUL 1986
Les premières images de l'épave du Titanic sont dévoilées au public.

31 AOÛ 1986
Le Français Stéphane Caristan devient champion d'Europe du 110 mètres haies et établit un nouveau record en 13,2 secondes.

26 SEP 1986
Le gangster Michel Vaujour est arrêté au cours d'un hold-up à Paris, 4 mois après son évasion.

1986

POLITIQUE

Front National en force
16 mars 1986. Après une percée aux élections européennes de 1984, les élections législatives de 1986 voient le Front National arriver en force au palais Bourbon. Le scrutin à la proportionnelle instauré par la loi de 1985 offre 35 députés du Front National de Jean Marie Le Pen à l'Assemblée nationale.

Première cohabitation
16 mars 1986. La coalition RPR-UDF sort victorieuse des élections législatives. Avec 31% des voix recueillies, le Parti Socialiste limite la casse et permet le maintien du président en place. François Mitterrand sera réélu président 2 ans plus tard.

ACTUALITES INTERNATIONALES

La catastrophe de Challenger
28 janvier 1986. Peu après le lancement de la navette spatiale Challenger, les choses tournent au drame. Après 73 secondes de vol, une fuite de gaz et de carburant transforme la navette en gigantesque et tragique feu d'artifice. Les 7 occupant(e)s de l'engin sont tués. Parmi les victimes, l'enseignante Christa McAuliffe (37 ans). Elle était chargée de donner des leçons à des jeunes élèves à partir de l'espace. Diffusé par la télévision avec quelque retard, le drame provoque une forte émotion auprès de millions de téléspectateurs.

Réforme universitaire Devaquet
Novembre 1986. Le projet de loi Devaquet vise à réformer les universités. Le projet de 'modernisation' a comme objet de mettre en concurrence les universités et que celles-ci puissent sélectionner les étudiants. Très contesté, le projet de loi sera retiré en décembre suite à la mort d'un étudiant lors d'une manifestation.

26 OCT 1986
Alain Prost gagne le Grand Prix automobile d'Australie et devient champion du monde (F1) pour la deuxième fois.

24 NOV 1986
Le navigateur français Philippe Poupon remporte la troisième édition de la Route du Rhum.

10 DÉC 1986
Elie Wiesel reçoit le Prix Nobel de la paix pour ses livres sur l'Holocauste.

La mort d'Olof Palme
28 février 1986. Le Premier ministre suédois Olof Palme et son épouse sont abattus dans la rue, après avoir assisté à une séance de cinéma. L'affaire suscite une forte émotion en Suède, un pays pacifique et de vieille tradition démocratique. L'enquête sur l'auteur de l'assassinat dure très longtemps. Ce n'est qu'en 2020 qu'un ancien graphiste, Stig Engström, visiblement hostile à la politique menée par le premier ministre, est soupçonné d'être l'assassin. On n'en saura pas plus puisque l'homme s'est suicidé 20 ans auparavant.

Le cube Rubik
Une belle invention ludique des années 1980. Le cube énigmatique passionne les jeunes, comme les moins jeunes. Elles et ils triturent le cube aux cases colorées, jusqu'à arriver à aligner une même couleur sur chaque face. A l'origine de l'engin énigmatique, un mathématicien hongrois, du nom d'Ernő Rubik.

Nintendo
Le NES, autrement dit Nintendo Entertainment System, débarque sur le marché européen. La multinationale japonaise propose un système de jeu numérique plutôt simple qui conquiert le marché, avec des jeux devenus classiques, comme *Super Mario*, *The Legend of Zelda*, *Metroid*, *Donkey Kong*, etc...

Tchernobyl
26 avril 1986. C'est la plus grande catastrophe nucléaire jamais arrivée. Son origine : une erreur humaine intervenue lors d'un contrôle de sécurité. Elle provoque des explosions dans cette centrale nucléaire ukrainienne, en Union soviétique. S'ensuit un incendie, qui se poursuit pendant plusieurs jours et qui provoque l'expulsion d'énormes quantités de substances radioactives dans l'atmosphère. Qui plus est, la communication assurée par le pouvoir soviétique prend du retard. Plus de 100 000 habitants de la région sont évacués. Des villes proches se transforment en cités fantomatiques, qui deviendront plus tard des attractions touristiques. En attendant, le nuage radioactif se déplace rapidement vers l'Europe et l'Asie. Les inquiétudes se font jour sur les deux continents et donc en France aussi. Pour éviter toute nouvelle émission de substances radioactives, la centrale de Tchernobyl est chapeautée par un gigantesque sarcophage de béton. La première explosion du réacteur provoque la mort de 31 personnes. Par la suite, le rayonnement nucléaire entraîne la mort de milliers -ou dizaines de milliers- de personnes. La catastrophe éveille une énorme méfiance envers l'énergie nucléaire et d'innombrables manifestations d'opposition dans le monde entier.

1986

DIVERTISSEMENT

Deux flics à Miami
19 septembre 1986. La série télévisée américaine *Miami Vice* met en scène des policiers comme Sonny Crockett et Ricardo Tubbs, confrontés au monde interlope de Miami. On y découvre tous les clichés de la jet-set : filles et mâles sexys, flamands roses, cocaïne, luxueuses Ferrari, puissants hors-bords dans un décor typique. Les mouvements de caméra innovants et le montage accéléré des séquences ne passent pas inaperçus.

VOUS SOUVENEZ-VOUS ?

Treets (M&M's)

Inspecteur Derrick
26 février 1986. L'inspecteur Derrick (Horst Tappert) fait son apparition sur La Cinq. Cette série allemande nous plonge dans des enquêtes autour de Munich, dans un pur style germanique, avec un climat particulier, presque calme pour des affaires policières. Quant à la voiture de l'inspecteur, c'est bizarrement une BMW Série 5 ...

Sexy Folies
Une émission de son temps, sur la libération sexuelle, présentée par Catherine Belkhodja, Mireille Dumas, France Roche et Sylvain Augier. On retiendra les conseils avisés de France Roche en femme d'expérience sur des questions de spectateurs et spectatrices. L'émission se voulait avant tout humoristique, informative et récréative. Diffusée bien sûr en deuxième partie de soirée.

Balavoine n'est plus
14 janvier 1986. Accident terrible sur le Paris-Dakar : à 4 heures du matin, Thierry Sabine, Daniel Balavoine et 3 autres passagers embarquent à bord d'un hélicoptère sur la route entre Niamey et Gourma au Mali. Un vent de sable se lève. Balavoine, qui a disputé le rallye comme pilote en 1983 et 1985, ne participe pas cette fois à la course mais est présent à des fins humanitaires. Il embarque en direction du bivouac de Gourma. Sous les bourrasques violentes du vent, l'engin percute une dune et va s'écraser quelques centaines de mètres plus loin, tuant tous les passagers sur le coup.

37°2 le matin
9 avril 1986. Adapté du roman éponyme de Philippe Djian, *37°2 le matin*, avec Béatrice Dalle et Jean-Hugues Anglade, le film deviendra l'un des films culte des années 80. Tragédie romantique et charnelle sur fond de chaos social, le film a connu un tournage houleux qui a beaucoup fait jaser. Sorte de *Roméo et Juliette* subversif, le film est interdit en salle aux moins de 16 ans, en raison de sa longue scène de sexe en ouverture.

Tenue de soirée
23 avril 1986. L'affiche annonce « putain de film », c'est très accrocheur, mais réaliste, car le film bouscule les codes. Bertrand Blier fait voler en éclat la bienséance, on y trouve un trio formé par Gérard Depardieu, Michel Blanc et Miou-Miou en train de cambrioler, puis l'homosexualité y est abordée avec des dialogues d'anthologie.

Berlusconi lance sa Cinq
20 février 1986. Une nouvelle chaîne de télévision est inaugurée en grande pompe par Christian Morin et Roger Zabel, au pied d'un avion Concorde. La Cinq débute avec une ribambelle de stars invitées pour ce grand gala : Charles Aznavour, Johnny, Sylvie Vartan ou encore Sting.

TV6, la chaîne musicale
1er mars 1986. La naissance de TV6, une chaîne privée française, fruit de la volonté de diversification de l'audiovisuel initiée par François Mitterrand. Amorcée par Publicis, elle ambitionne de toucher un public jeune en s'appuyant sur la musique. Malgré cela, des affaires politiques suite à la défaite de la gauche aux législatives 1986 précipitent la fermeture de la chaîne. TV6 passe le flambeau à la chaîne M6 en laissant un court mais marquant héritage dans l'histoire de l'audiovisuel français.

Top Gun
L'acteur américain Tom Cruise acquiert le statut de star mondiale lorsqu'il incarne le lieutenant Pete 'Maverick' Mitchell dans le film à succès *Top Gun*, qui a pour cadre la formation de pilotes de chasse de la marine américaine.

1986

Coluche

19 juin 1986. L'animateur et comédien français Michel Colucci, plus connu sous le pseudonyme de Coluche , se tue en moto sur la route entre Cannes et Opio. La mort laissera endeuillée toute la France, et l'hommage est retentissant pour celui qui s'est présenté « pour rire » aux élections présidentielles et vient de créer Restos du Coeur. Trublion politique, ses amis estiment encore qu'il s'agit d'un « assassinat politique ». On se souviendra de lui pour ses sketchs hilarants (*L'Autostoppeur, C'est l'Histoire d'un mec*), ses rôles au cinéma (*Tchao Pantin, Deux Heures moins le quart avant Jesus Christ*), mais surtout comme un homme engagé pour l'égalité des peuples.

Crocodile Dundee

Ce film à succès fait rire le monde entier. *Crocodile Dundee* narre les péripéties d'une journaliste américaine qui rencontre en Australie un aventurier familier des crocodiles et autres animaux exotiques, Mick 'Crocodile Dundee'. Elle réussit à l'amener à New York; sa confrontation à une telle ville donnera lieu à nombre de scènes hilarantes...

Jacqueline Huet

8 octobre 1986. « La Bardot du petit écran » démarre en mai 1958. En 1961 elle devient co-présentatrice avec Pierre Tchernia de *L'ami public numéro un* avant de présenter *Le monde de l'accordéon* sur TF1. Son engagement en faveur de Valéry Giscard d'Estaing lui coûtera sa place après l'élection, en 1981, de François Mitterrand. Très affectée par ce licenciement, elle se donne la mort le 8 octobre 1986 à l'âge de 56 ans.

Une famille en or

Adapté du format américain *Family Feud*, 2 familles s'affrontent sur des questions d'actualité et des questions d'opinion publique. Animé par la suite par Patrick Roy, Bernard Montiel ou encore Laurent Cabrol, ce rendez-vous quotidien nous fait exclamer en famille un bon sens populaire pour savoir « quelle est la première chose que vous faites en vous réveillant ? » ou encore « quels métiers sont les préférés des enfants ? » L'occasion de réfléchir qui vous emmèneriez avec vous pour devenir « une famille en or ? »

Ça cartoon

Les dimanches soir des enfants ne sont plus les mêmes depuis le lancement de l'émission *Ca Cartoon* sur Canal+. La France redécouvre les 'Toons', personnages de la Warner, à travers des courts métrages mettant en scène Bugs Bunny, Daffy Duck, Woody Woodpecker ou encore les fameuses courses poursuites loufoques de Tom & Jerry.

Il était une fois... la Vie
Qui n'a pas appris le fonctionnement de notre défense immunitaire grâce à ces petits bonhommes dans notre corps humain? Maestro, Pierrot et leurs compères nous racontent de façon ludique l'architecture et la composition des différents types cellulaires, des tissus biologiques et des organes ainsi que leurs fonctions respectives, à travers 25 épisodes à travers le corps humain.

J'aime la vie
3 mai 1986. La chanteuse belge Sandra Kim n'a que 13 ans. Elle ne peut donc pas participer au festival Eurovision de la chanson, qui a lieu à Bergen, en Norvège. Elle parvient toutefois à se hisser sur le plateau de la compétition et affirme dans sa chanson *J'aime la vie* qu'elle a 15 ans. Tout le monde la croit. La native de la commune de Montegnée, dans la province belge de Liège, a remporté le concours.

Le Nom de la rose
17 décembre 1986. Réalisé par Jean-Jacques Annaud, ce film nous plonge dans une intrigue à l'époque du Moyen-Age. Guillaume de Baskerville, joué par Sean Connery, moine érudit intervient pour enquêter sur la mort mystérieuse d'un moine qui sera suivie d'autres.

Jean de Florette et Manon des Sources
Dans ces 2 films d'après le roman *L'eau des collines* de Marcel Pagnol tout se joue autour d'une source d'eau disputée. Manon (Emmanuelle Béart), la fille du malheureux Jean de Florette prendra sa vengeance. Affaire à suivre.

MUSIQUE

La Chanson des Restos
24 février 1986. La Chanson des Restos, intitulée *Les Restos du Coeur* lors de sa sortie, est une chanson caritative française écrite et composée par Jean Jacques Goldman. Vendue à plus de 530 000 exemplaires en single, ce tube est à l'initiative de Coluche qui cherche à promouvoir son association des Restos du Coeur.

Farmer fait scandale
25 mars 1986 Le premier grand succès de Mylène Farmer avec le tube *Libertine*. Il est accompagné d'un clip réalisé par Laurent Boutonnat, fidèle acolyte de la chanteuse qui lui écrit aussi bon nombre de chansons. Ce vidéo-clip révolutionne cet univers par sa durée et sa réalisation. La sortie est accompagnée d'un scandale que l'on doit aux paroles à caractère érotique et à la nudité de Mylène Farmer.

Silence chez Téléphone
10 ans de carrière, le groupe qui ne devait alors durer qu'une soirée et fondé par Jean-Louis Aubert, tire sa révérence. Sur fond de tensions et de volonté de développer des projets en solo, les 4 protagonistes annoncent leur séparation.

1986

Carte de Séjour

19 novembre 1986. Un trio inédit fait son entrée à l'Assemblée nationale : Jack Lang, ministre de la culture, Charles Trenet, monument national, et Rachid Taha, leader de Carte de Séjour, groupe de rock constitué de musiciens de la deuxième génération d'immigrés. Ils distribuent un disque aux députés. Il s'agit d'une relecture, entre raï et rock, de *Douce France* de Charles Trenet. L'élément déclencheur est la montée de l'extrême droite. La nouvelle version énergique et sensuelle devient l'hymne de la génération « Touche pas à mon pote ! »

MES 18 PREMIÈRES ANNÉES — TOP 10 1986

1. **Berlin** *Take My Breath Away*
2. **Carte de Séjour** *Douce France*
3. **Europe** *The Final Countdown*
4. **J.J. Goldman & Michael Jones** *Je te donne*
5. **Images** *Les démons de minuit*
6. **Madonna** *Papa Don't Preach*
7. **Jeanne Mas** *En rouge et noir*
8. **Partenaire Particulier** *Partenaire particulier*
9. **Paul Simon** *You Can Call Me Al*
10. **Stephanie** *Ouragan*

Open | Search | Scan

La fille mystérieuse

Stéphanie de Monaco est la fille cadette du Prince Rainier III et de Grace Kelly. Elle est de nature entreprenante. En 1986, elle ouvre un café et un magasin de vêtements à Monaco. Son Altesse fait également ses débuts de chanteuse avec *Ouragan*, une chanson que Jeanne Mas et Sheila avaient laissé passer. L'aventure est de courte durée. Bien qu'en 1991, elle est encore la voix féminine de *In the closet* sur *Dangerous* de Michael Jackson. Elle est répertoriée comme 'the mistery girl'. Ce n'est qu'en 2023 qu'elle admet ce que tout le monde savait déjà.

Les démons de minuit

Il ne se passe pas un mariage ou une fête sans *Les démons de minuit* d'Images. A l'origine, la chanson a des paroles et un titre en anglais. Pendant 15 jours, le groupe toulousain a colporté *Love emotion tonight* auprès de toutes les maisons de disques parisiennes. En vain. La chance d'Images tourne lorsque le producteur Richard Seff propose d'en faire une version française. Soudain, tout le monde est intéressé. Une vente aux enchères est même lancée. *Les démons de minuit* devient le tube de l'été et le single le plus vendu de l'année.

SPORT

La Coupe du Monde de Rugby
20 juin 1987. A Auckland (Australie), le XV de France perd la finale de la première Coupe du monde de rugby. Les hommes de Jacques Fourroux s'inclinent sur le score de 29 à 9 face à la Nouvelle-Zélande.

Steffi Graf remporte Roland-Garros
17 août 1987. Alors âgée de 18 ans, l'Allemande Steffi Graf remporte le tournoi de Roland-Garros en battant en finale la n°1 mondiale Martina Navratilova en 3 sets (6-4, 4-6, 8-6).

VOUS SOUVENEZ-VOUS ?

Levi's 501 jeans

Kasparov bat Karpov
19 décembre 1987. Le joueur soviétique Garri Kasparov garde son titre de champion du monde d'échecs après la partie contre son compatriote Anatoli Karpov.

Le Tour de Stephen Roche
26 juillet 1987. L'Irlandais Stephen Roche réalise un triplé historique, jusqu'ici réservé au seul Eddy Merckx, en remportant la même année le Tour de France, le Tour d'Italie et le Championnat du Monde sur route.

ACTUALITES

La lutte contre le sida
La maladie identifiée 3 ans plus tôt, est déclarée Grande Cause nationale et fait l'objet d'une intense campagne de prévention et d'appel aux dons.

18 JAN 1987
L'actrice Isabelle Adjani dément les rumeurs sur sa mort dans le journal sur TF1.

22 FEV 1987
Le Français Bruno Marie-Rose bat le record du monde du 200 mètres en salle à Liévin en 20'36''.

18 MAR 1987
11 kilos d'explosifs supposés cachés par Action directe sont découverts dans la Tour Montparnasse.

1987

Procès de Klaus Barbie
11 mai - 4 juillet 1987. Le procès de Klaus Barbie se tient à la cour d'assises du Rhône. Le 4 juillet peu après minuit, le verdict tombe : l'ancien chef de la Gestapo lyonnaise, surnommé 'le boucher de Lyon', est condamné à la réclusion criminelle à perpétuité pour crime contre l'humanité. Barbie est chef de la section IV dans les services de la police de sûreté allemande basée à Lyon durant la Seconde Guerre mondiale. Il déporte en Allemagne environ 14 000 Juifs et résistants. A la fin de la guerre il s'enfuit et échappe à la justice pendant près de 40 ans. Il se cache en Amérique du Sud sous le nom de Klaus Altmann et obtient la nationalité bolivienne en 1957. En 1968 la militante française anti-nazie Beate Klarsfeld et son mari Serge reconnaissent Barbie sur 2 photos prises en Bolivie et en 1971 ils obtiennent son adresse à Lima. En 1983, il est finalement extradé de Bolivie vers la France.

Christian Lacroix défile
31 juillet 1987. Le couturier français Christian Lacroix, qui travaille alors pour la maison Patou, présente sa première collection Haute Couture Automne-Hiver portée en nom propre. Celle-ci sera encensée par le monde de la mode.

Lancement de l'Airbus A320
Le constructeur européen Airbus célèbre le premier vol de son appareil phare : l'Airbus A320, qui deviendra l'avion de ligne moyen-courrier le plus vendu dans le monde.

Mort de Jean Anouilh
3 octobre 1987. Le dramaturge Jean Anouilh s'éteint à Lausanne (Suisse) après avoir produit une abondante œuvre littéraire, passant de la comédie, *Le Bal des Voleurs,* à la tragédie, *Eurydice, Antigone, Médée.*

Mirapolis
1er mai 1987. Inauguration du premier grand parc d'attractions français, Mirapolis, dans la ville nouvelle de Cergy-Pontoise. C'est un échec commercial. Le parc ferme après 5 saisons.

Naissance de France Info
1er juin 1987. A 7h, France Info commence à émettre dans plusieurs grandes villes de l'Hexagone : Paris, Lyon, Marseille, Toulouse, Nantes et quelques autres. Elle est alors la première radio d'information continue en Europe.

4 AVR 1987
6 diplomates soviétiques accusés d'espionnage relatif à la fusée Ariane, sont expulsés.

6 MAI 1987
Dépôt de bilan du journal français *Le Matin de Paris* (1977).

2 JUN 1987
Incendie dans un dépôt d'hydrocarbures de la société Shell au Port Edouard-Henriot à Lyon.

La coupe Mulet, tendance de l'été
Cheveux courts sur l'avant et le haut du crâne, et nuque longue : c'est la coupe mulet. Elle constituera la grande mode capillaire de cette année pour les hommes !

L'Institut du monde arabe
30 novembre 1987. Le président François Mitterrand inaugure à Paris l'Institut du Monde arabe, présentant des collections permanentes et l'une des plus importantes bibliothèques européennes consacrée au monde arabe.

Premier Téléthon en France
4 décembre 1987. Antenne 2 diffuse la première édition française du Téléthon durant 28 heures ! Résultat : 181 millions de francs (27 millions d'euros) récoltés, obligeant les organisateurs à ajouter à la main un chiffre au compteur électronique, qui n'en compte que 8 !

Marguerite Yourcenar
17 décembre 1987. Les Français apprennent la mort d'une de leurs plus grandes écrivaines contemporaines : Marguerite Yourcenar. Première femme élue à l'Académie française en 1980, elle restera dans l'histoire comme l'auteur des *Mémoires d'Hadrien*, de *l'Oeuvre au noir*, ainsi que de nombreux autres romans, essais et recueils de poésie.

POLITIQUE

Fin d'Action Directe
21 février 1987. A 21h, les hommes du Raid donnent l'assaut sur une ferme de Vitry-aux-Loges, dans le Loiret. Ils y trouvent et y arrêtent les principaux membres du groupe terroriste d'extrême-gauche Action Directe, qui revendique plus de 80 attentats et assassinats en France depuis le début des années 1980.

Le Pen et le détail de l'Histoire
13 septembre 1987. Dans une interview donnée au Grand-Jury RTL - Le Monde, Jean-Marie Le Pen, président du Front National déclare : « Je ne dis pas que les chambres à gaz n'ont pas existé. Je n'ai pas pu moi-même en voir. Je n'ai pas étudié spécialement la question. Mais je crois que c'est un point de détail de l'histoire de la Seconde Guerre mondiale ».

19 JUL 1987
François Mitterrand et Margaret Thatcher signent le traité pour la construction du Tunnel sous la Manche.

30 AOÛ 1987
Le Canadien Ben Johnson établit un nouveau record du monde du 100 mètres en 9 secondes et 83 centièmes.

4 SEP 1987
La Française Jeannie Longo remporte le Championnat du monde de cyclisme sur route féminin à Villach en Autriche.

1987

Tensions franco-iraniennes
17 juillet 1987. Assassinats, attentats, prises d'otages : l'année est marquée par une série de très graves incidents entre la France et l'Iran. Suite à un nouveau pic de tension, les deux pays décident de rompre leurs relations diplomatiques.

Coup d'éclat aérien
28 mai 1987. Un adolescent allemand, Mathias Rust, défraye la chronique en réussissant à faire atterrir son avion Cesna près de la Place Rouge à Moscou. Il pénètre dans l'espace aérien soviétique, met le cap sur Moscou, où il effectue quelques boucles au-dessus du Kremlin, avant d'atterrir près de la place Rouge. Rust est arrêté et envoyé en camp de travail. Il est gracié 14 mois plus tard. Il a réalisé son exploit pour promouvoir la paix dans le monde.

ACTUALITES INTERNATIONALES

Auto-critique en URSS
27 janvier 1987. Le dirigeant soviétique Mikhaïl Gorbatchev tient un discours remarqué, au cours duquel il met en cause les fautes du passé, commises par le Parti communiste. Il en appelle à la démocratisation du Parti et de la société soviétique. Le 2 février, un premier groupe de dissidents est libéré.

Mort d'une star du pop-art
22 février 1987. Icône du pop-art, Andy Warhol décède à New York à l'âge de 58 ans. Très prolifique, il s'inspire d'objets de la vie quotidienne, tels ses célèbres boîtes de soupe Campbell's, pour en faire des oeuvres tirées en série. Avec son atelier artistique The Factory, il est très proche du groupe de rock The Velvet Underground, de Lou Reed et de Nico.

16 OCT 1987
L' ouragan de 1987 touche la Bretagne et la Basse-Normandie avec des rafales à 220 km/h.

18 NOV 1987
Le coureur cycliste français légendaire, Maître Jacques Anquetil, meurt à 53 ans.

9 DÉC 1987
La première intifada - soulèvement en arabe - débute dans la bande de Gaza.

Lundi Noir
19 octobre 1987. Après 15 ans de véritable explosion des cours boursiers, la bulle financière éclate brusquement. De Hong Kong à New York et d'Amsterdam à Sydney, les cours des actions s'écroulent. Ce 'Lundi Noir', 600 milliards de dollars s'évaporent à la suite de la chute de l'indice boursier Dow Jones. Les causes de la catastrophe financière sont multiples, dont les variations du cours du dollar intervenues au milieu des années 1980.

Fin de la crise des missiles
8 décembre 1987. Le leader soviétique Mikhaïl Gorbatchev et le président américain Ronald Reagan concluent un accord historique à la Maison Blanche. Avec ce traité INF (forces nucléaires intermédiaires) les 2 superpuissances décident de ne plus fabriquer ou tester de missiles lancés à partir du sol et ayant une portée de 500 à 5 000 kilomètres.

Van Gogh hors de prix
11 novembre 1987. Des peintures de Vincent Van Gogh battent 2 fois le record de prix au cours de l'année 1987. Son *Vase avec 15 Tournesol* (1889) est acheté le 30 mars par une compagnie d'assurances japonaise lors d'une vente aux enchères de Christie's à Londres pour la somme de 39,7 millions de dollars. En novembre, c'est le controversé homme d'affaires australien Alan Bond qui acquiert Chez Sotheby's *Iris* pour 49 millions de dollars.

DIVERTISSEMENT

MacGyver
4 janvier 1987. Antenne 2 diffuse le premier épisode de la série télévisée américaine *MacGyver*. Celle-ci met en scène un agent secret et aventurier campé par Richard Dean Anderson, dont les talents de bricoleur lui permettent de sortir des situations les plus périlleuses.

1987

La Classe
26 janvier 1987. Créée par Guy Lux et présentée par Fabrice, l'émission humoristique va succéder aux *Jeux de 20 heures*. Elle va perdurer jusqu'en 1994 avec un franc succès. Elle va permettre à toute une génération d'humoristes de se montrer à travers des sketchs inédits : Jean-Marie Bigard, Jean-François Derec, Garcimore, Didier Gustin... Une vraie mine de futurs talents.

Clair de Lune
1er mars 1987. Une série particulière qui se déroule dans une agence de détective avec le déjanté David Addison joué par Bruce Willis et sa 'patronne' Maddie jouée par la ravissante Cybill Shepherd. Au-delà des enquêtes, c'est le climat loufoque et sexy qui va faire le succès de cette série. On retient le générique jazzy interprété par Al Jarreau.

M6 commence à émettre
1er mars 1987. Après de nombreux débats et controverses, la chaîne M6 voit le jour. A l'écran, les téléspectateurs y découvrent le PDG de Métropole Télévision Jean Drucker. S'en suit une journée de présentation de leurs émissions respectives par les différents animateurs de la chaîne.

Turbo
7 mars 1987. Une institution. Cette émission existe toujours avec son créateur, producteur et animateur : Dominique Chapatte. Le concept tourne dans un premier temps autour des moteurs avec des avions, même un sous-marin, mais très vite l'émission va se recentrer sur l'automobile : essais, road-movies, interviews de pilotes, etc.

Le grand Chemin
25 mars 1987. Un beau film tout en tendresse et délicatesse porté par l'excellent Richard Bohringer et Anémone basé sur les souvenirs d'enfance du réalisateur Jean-Loup Hubert. Anémone et Richard Bohringer remporteront respectivement le César 1988 de la meilleure actrice et du meilleur acteur.

Dirty Dancing
12 mai 1987. Le drame sentimental américain *Dirty Dancing* sort en salles. Ses répliques célèbres, sa scène culte du porté, sa bande-annonce et la plastique de Patrick Swayze attireront près de 400 000 spectateurs et l'éléveront au rang de film culte.

Futuroscope
31 mai 1987. Le Futuroscope ouvre ses portes à 10 km de Poitiers. Il s'agit du premier parc de loisirs d'envergure en France dédié aux nouvelles technologies du moment.

Sous le soleil de Satan
19 mai 1987. La Palme d'Or est réservée au film *Sous le soleil de Satan* de Maurice Pialat. Sous les sifflets et les huées du public, Maurice Pialat expert en provocation lancera : « Je suis content pour tous ces sifflets et ces cris que vous m'adressez. Si vous ne m'aimez pas, je peux vous dire que je ne vous aime pas non plus ».

Jeu d'eau anneaux

Nulle part ailleurs
31 août 1987. Philippe Gildas présente le premier numéro du talkshow *Nulle Part Ailleurs* sur Canal +. L'émission connaît rapidement un succès important et devient la figure de proue de 'l'esprit Canal'.

La culotte de Madonna
29 août 1987. Devant 130 000 spectateurs, lors de sa tournée mondiale, au Parc de Sceaux près de Paris, Madonna fait sensation en jetant sa culotte dans le public. Les recettes du spectacle iront à la lutte contre le Sida.

Club Dorothée
Dorothée, Jacky, Ariane, Corbier, Patrick : le 2 septembre, les enfants et adolescents français découvrent les visages des animateurs qui, pour beaucoup, les accompagneront durant toute leur jeunesse. Créée par AB Productions, l'émission sera diffusée tous les jours pendant 10 ans.

1987

Téléshopping
5 octobre 1987. Présenté par Marie-Ange Nardi et Alexandre Devoise, le principe est simple : présenter des produits aux téléspectateurs avec une démonstration à l'appui et provoquer l'achat. Lancé sur TF1, le concept est toujours d'actualité. Derrière tout cela on retrouve le fameux Pierre Bellemare présent sur tous les fronts.

Un colosse nous quitte !
20 octobre 1987. Lino Ventura nous quitte. Né à Parme (Italie) en 1919, il arrive à Paris à l'âge de 7 ans. Avant d'être acteur, il sera lutteur professionnel (champion d'Europe en 1950) puis catcheur. C'est le hasard qui lui fera tourner un premier film en 1954 avec Jean Gabin, *Touchez pas au Grisbi*. Sa carrière vient de démarrer et il va enchainer 75 films par la suite. On citera *Les Tontons flingueurs, Le clan de Siciliens, Adieu Poulet, L'armée des ombres, Garde à vue, L'aventure, c'est l'aventure* et *L'emmerdeur*.

Full Metal Jacket
21 octobre 1987. C'est la vision de Stanley Kubrick sur la guerre du Viêt Nam : c'est violent mais réaliste dans le descriptif de cette guerre absurde et du monde un peu étriqué de l'armée et de l'entraînement au combat. La mise en scène à travers la vision du soldat J.T Joker ou 'Guignol' en version française, joué par Matthew Modine est acerbe, mais juste et impitoyable.

Les Mariés de l'A2
7 novembre 1987. Présenté par Patrice Laffont, le jeu met en scène 4 couples pendant 30 minutes. Des questions saugrenues, parfois coquines sont posées aux candidats d'abord séparément. Puis la confrontation de leurs réponses permet de juger de leur bonne connaissance mutuelle. Le couple gagnant peut participer à une finale et gagner un voyage en amoureux.

Sacrée Soirée
Tous les mercredi soirs les Français pourront désormais se divertir devant une nouvelle émission de variété proposée par TF1 : *Sacrée Soirée*. L'animateur Jean-Pierre Foucault y invite chaque semaine une personnalité du monde de la culture pour 2 heures de divertissement en direct.

Culture Pub
17 octobre 1987. Lancement de l'émission *Culture Pub*. Un format et un contenu inédits : tous les dimanches, 30 minutes d'émission en forme de tour du monde de la publicité.

Le Juste Prix
13 décembre 1987. Inspirée de l'émission américaine *The Right Price*, l'émission *Le Juste Prix* voit le jour en France sur TF1. Présenté par Max Meynier, le jeu voit défiler des candidats devant deviner le prix de divers objets afin de remporter ces derniers.

MUSIQUE

Viens boire un petit coup
11 avril 1987. Sortie l'année précédente, c'est bien en 1987 que la chanson *Viens boire un p'tit coup à la maison* inonde le quotidien des Français. Le titre du groupe Licence IV s'installe en tête du Top 50 devant *On se retrouvera* de Francis Lalanne. Il y restera 13 semaines. La chanson sera couronnée Disque de platine et meilleure vente de disques en France cette année-là.

Vini pou
Le zouk est une musique de danse très rythmée originaire de la Guadeloupe et de la Martinique. Pierre-Edouard Décimus et Freddy Marshall ont modernisé leur musique préférée, 'carnival', en y ajoutant des éléments rock. Avec *Vini pou*, le groupe Kassav s'ouvre au monde.

Elle a fait un bébé toute seule
Inspiré par l'histoire personnelle de son amie et attachée de presse, Jean-Jacques Goldman sort le titre *Elle a fait un bébé toute seule*. La chanson, racontant la vie d'une maman célibataire, est un énorme carton.

George Michael
Un an après son départ chez Wham!, George Michael commence sa carrière solo. Il chante *I Knew You Were Waiting (for Me)* avec Aretha Franklin. Son premier album solo avec les tubes *Faith* et *I Want Your Sex* confirme son potentiel.

Bowie à Berlin
6 juin 1987. 10 ans après la parution de *Heroes*, David Bowie est de retour à Berlin-Ouest. Une foule énorme participe des 2 côtés du mur au festival de 3 jours Concert for Berlin. La foule des 2 Allemagne reprend en choeur le célèbre *Heroes* avec Bowie, animée de l'espoir de voir le mur un jour disparaître. Le jour suivant, les Allemands de l'est se ruent à l'ouest. A tel point que la police de la RDA intervient de façon musclée pour disperser la foule. 6 jours après le concert, le président américain Ronald Reagan est présent sur la même place de Berlin-Ouest, d'où il lance son fameux « M. Gorbachev, abattez ce mur ».

Dalida
3 mai 1987. Atteinte d'une profonde dépression, Iolanda Cristina Gigliotti, plus connue sous le nom de Dalida, se suicide le 3 mai dans sa maison de Montmartre. La chanteuse d'origine égyptienne était l'une des vedettes les plus en vue de son époque.

1987

C'est comme ça
Un titre très énergique chanté, écrit et composé par les Rita Mitsouko, Catherine Ringer et Fred Chichin. Issu de leur deuxième album *No Comprendo*, ce titre et ce succès va être accompagné par d'autres : *Andy, Les Histoires d'A.* entre autres. Le groupe disparait en 2007 avec le décès de Fred Chichin à l'âge de 53 ans.

Sans contrefaçon
16 octobre 1987. Premier titre de son album *Ainsi soit je..., Sans Contrefaçon* fait référence à l'enfance de Mylène Farmer et questionne l'identité de genre. L'année suivante, le clip de la chanson sera primé aux Victoires de la Musique.

Le chant des sirènes
C'est l'année de nouveaux chanteurs. Vanessa Paradis, 14 ans, devient une star du jour au lendemain avec *Joe le taxi*. Guesch Patti fait sensation avec *Etienne*. Patricia Kaas se fait entendre avec *Mademoiselle chante le blues*. L'actrice Caroline Loeb connaît une année miracle grâce à *C'est la ouate*. C'est aussi le cas de Claudie Fritsch-Mentrop qui interprète *Voyage, voyage*.

MES 18 PREMIÈRES ANNÉES
TOP 10 1987

1. **Rick Astley** *Never Gonna Give You Up*
2. **France Gall** *Ella, elle l'a*
3. **Gipsy Kings** *Bamboléo*
4. **Guesch Patti** *Etienne*
5. **INXS** *Need You Tonight*
6. **Patricia Kaas** *Mademoiselle chante le blues*
7. **Kassav'** *Vini pou*
8. **George Michael** *Faith*
9. **Claude Nougaro** *Nougayork*
10. **Vanessa Paradis** *Joe le taxi*

Open | Search | Scan

Nougayork
26 décembre 1987. Claude Nougaro perd son contrat de disque. Le chanteur vend sa maison de Montmartre et part à New York pour trouver un second souffle. Il s'installe chez la veuve de l'artiste de jazz Charles Mingus et se familiarise avec les différents styles de musique de la Grosse Pomme. L'album *Nougayork* qui en résulte relance sa carrière.

SPORT

Coupe de France pour Metz
11 juin 1988. 4 ans après, le FC Metz réitère l'exploit de gagner la Coupe de France. Malgré une saison de championnat en demi-teinte, c'est en coupe nationale que le club messin s'illustre. N'affrontant que des équipes de seconde division, il parvient en finale sans aucune difficulté. Son adversaire ? Le FC Sochaux-Montbéliard. La rencontre aboutit à un nul puis à une séance de tirs au but au suspense insoutenable à l'issue de laquelle le FC Metz remporte sa deuxième Coupe de France.

Le premier de Senna
30 octobre 1988.
Ayrton Senna est le favori du monde entier. Le roi du Formule 1 surprend par son tempérament, sa vitesse dans les qualifications et sa classe dans la pluie. En 1988 le Brésilien rejoint McLaren. L'équipe de Senna et Alain Prost gagne 15 des 16 courses cette année. L'avant-dernière course est de nouveau pour Senna, sa huitième victoire de la saison. Le titre mondial ne peut plus lui échapper.

VOUS SOUVENEZ-VOUS ?

Téléphone

Le règne de Steffi Graf
Après une impressionnante saison 87 et alors numéro une mondiale, Steffi Graff décide de frapper encore plus fort au cours de la saison 1988. La joueuse allemande réalise une prouesse inédite dans le monde du tennis en obtenant le Grand Chelem d'or. Elle gagne non seulement les 4 tournois du Grand Chelem (Open d'Australie, Roland-Garros, Wimbledon, US open) mais revient aussi victorieuse des Jeux olympiques de Séoul. Un parcours sans faute, jamais égalé à ce jour.

Limoges fait le triplé
Grosse année pour le club de basket dirigé par l'emblématique entraineur Michel Gomez. Cette année-là, le CSP Limoges réalise un exploit historique. Un triplé commençant avec une victoire en championnat, durant lequel Limoges a dominé toute la saison. En parallèle, le club remporte le Tournoi des As, réunissant les meilleures équipes françaises. Pour finir, il gagne le trophée des vainqueurs de coupe, voyant s'affronter toutes les équipes européennes lauréates de leur championnat.

22 JAN 1988
Le bilan du rallye Paris-Dakar 1988 : 6 morts.

19 FEV 1988
Le décès du poète français René Char, auteur des *Feuillets d'Hypnos*.

16 MAR 1988
Les irakiens bombardent la cité kurde de Halabja. Le bilan: au moins 5 000 morts.

1988

Seize médailles à Séoul

17 septembre - 2 octobre 1988. Cette édition en Corée du Sud est marquée par un record de participants avec pas moins de 159 pays représentés et plus de 8 400 athlètes. La France réalise une performance mitigée mais finit malgré tout neuvième, avec 16 médailles au compteur. Loin du trio de tête cependant et de l'Union soviétique, pays vainqueur avec 132 médailles. L'équipe de France s'illustre dans ses disciplines fortes avec les titres de Jean-François Lamour au sabre ou des épéistes masculins, mais aussi en voile avec les succès en 470 et en Tornado sans oublier le judo avec Marc Alexandre. Mais le héros tricolore de cette édition est un cheval noir de 13 ans appelé Jappeloup qui offre à Pierre Durand, son cavalier, et à la France l'ultime médaille d'or de ces Jeux, en saut d'obstacles.

Ben Johnson

24 septembre 1988. Le Canadien Ben Johnson gagne la bataille des titans fort attendue. Il bat son adversaire Carl Lewis avec un record mondial de 9''79 sur les 100m. Plus tard Johnson sera disqualifié pour recours à dopage et le record sera remplacé par les 9''92 de Lewis.

ACTUALITES

Prise d'otage d'Ouvéa

22 avril 1988. Sur l'île d'Ouvéa en Nouvelle-Calédonie, a lieu une prise d'otage par un groupe de Kanaks. Un événement tragique, au cours duquel 27 gendarmes sont retenus dans une grotte pendant 2 semaines. Un assaut est donné le 5 mai. Bilan ? 2 gendarmes et 19 Kanaks sont tués.

Pyramide du Louvre

4 mars 1988. C'est en direct de la télévision, que se déroule l'inauguration de la pyramide du Louvre en compagnie du président François Mitterrand. Une cérémonie qui couronne le projet conçu par l'architecte I.M Pei, débuté en 1983. Un bâtiment longtemps controversé, mais qui a su moderniser le musée du Louvre et qui est aujourd'hui emblématique de la ville de Paris.

18 AVR 1988

Décès de l'humoriste français Pierre Desproges, réputé pour son humour noir et son sens de l'absurde.

4 MAI 1988

La libération de Marcel Carton, Marcel Fontaine et Jean-Paul Kauffmann, otages français enlevés au Liban.

26 JUN 1988

Les accords de Matignon entre Kanaks et Caldoches sur l'avenir de la Nouvelle-Calédonie ramènent le calme.

Crash d'Habsheim

26 juin 1988. C'est à l'aérodrome de Mulhouse-Habsheim, qu'un Airbus A320 d'Air France, s'écrase dans une forêt en bout de piste. L'avion se crashe à basse vitesse mais l'impact au sol déclenche un incendie. La majorité des passagers est évacuée mais sur les 136 personnes à bord, l'accident fait 3 morts et 36 blessés. Un vol promotionnel qui tourne au drame.

Manifestation d'infirmiers

A partir de mars 1988, un mouvement de grève sans précédent des infirmières touche l'Hexagone. Le mouvement prend de l'ampleur avec en point d'orgue la manifestation d'octobre qui réunit plus de 100.000 partipants soit un quart de la profession. Après avoir paralysé les hôpitaux pendant 7 mois, les grévistes obtiennent gain de cause avec une revalorisation de leurs salaires.

Accident à la gare de Lyon

27 juin 1988. Un terrible accident a lieu à la gare de Lyon à Paris. Une collision entre un train arrivant en gare, et un autre à l'arrêt, bondé de voyageurs. Le bilan est très lourd avec 56 morts et 57 blessés, ce qui en fait l'accident ferroviaire le plus grave en Ile-de-France depuis la création de la SNCF. Une tragédie qui oblige la société à moderniser son réseau et adopter des nouvelles mesures de sécurité.

Mystère du Baron Noir

28 juillet 1988. De nombreux Parisiens aperçoivent un avion survolant Paris de nuit à basse altitude. Les médias et la presse donnent une visibilité supplémentaire à ce mystérieux pilote qui volerait au-dessus de Paris certaines nuits et le surnomment 'Le Baron Noir'. Malgré les tentatives d'interception ou d'identification par l'armée, personne n'a jamais levé le voile sur ce mystère ni apporté de preuves tangibles de la réalité de ces vols ou de son auteur.

La dernière Tentation du Christ

Le film controversé de Martin Scorsese est dédié à la vie de Jésus. Lors de sa sortie en France, 2 attentats sont commis par des militants intégristes catholiques qui réfutent la version du réalisateur. Les attentats à la bombe incendiaire ont lieu dans le cinéma St Michel à Paris et Le Building à Besançon. Bilan : 14 blessés.

31 JUL 1988

Le roi Hussein de Jordanie accepte que la Cisjordanie (Palestinienne) ne fasse plus partie de son royaume.

25 AOÛ 1988

Un incendie détruit le coeur historique de Lisbonne au Portugal.

20 SEP 1988

Dans son 'discours de Bruges', Margaret Thatcher s'oppose à la perspective d'un État européen.

1988

POLITIQUE

Le PCF s'effondre
Depuis les élections présidentielles de 1981, le Parti communiste français perd petit à petit du terrain. Il recense des scores en baisse aux élections européennes de 1984 puis aux législatives de 1986 avec une chute d'environ 10%. Le coup de grâce est donné lors des présidentielles de 1988, avec le plus faible score recensé pour le PCF (2.1% des voix).

Mitterrand président
L'élection présidentielle de 1988 oppose François Mitterrand, président sortant, représentant de la gauche, et Jacques Chirac, représentant de la droite. C'est François Mitterrand qui est élu au second tour, entamant un deuxième mandat. Quelques jours après sa réélection, Mitterrand décide de dissoudre l'Assemblée nationale. Une décision prise à la suite des élections législatives de 1986, qui avaient donné lieu à une majorité parlementaire de droite. Le président veut ainsi éviter une cohabitation pour faire passer de nouvelles réformes. Un choix payant, puisque la majorité parlementaire repasse à gauche.

Michel Rocard
10 mai 1988. Michel Rocard est nommé premier ministre. Il forme un premier gouvernement le 12 mai.

ACTUALITES INTERNATIONALES

Un trou dans la couche d'ozone
15 mars 1988. Un inquiétant rapport de la NASA établit que la couche d'ozone entourant la terre et la protégeant contre les rayons UV se dégrade plus vite que prévu.

Du pétrole en feu
6 juillet 1988. La plateforme de forage pétrolier Piper Alpha, dans la mer du Nord, est touchée par une série d'explosions, qui provoquent un violent incendie. Elle est bientôt transformée en torche géante et rougeoyante, surmontée de sombres nuages de fumée. Parmi les 232 occupants de la plateforme, seuls 73 survivent. Le renommé spécialiste américain Red Ader est appelé à la rescousse pour éteindre l'incendie. Il n'y parviendra qu'après 3 semaines d'efforts.

JPEG
Le standard de compression numérique de photos JPEG s'impose. La sauvegarde de ces images en est grandement facilitée. Leur qualité dépend de la mesure dans laquelle elles ont été comprimées.

31 OCT 1988
Début de l'affaire des disparus de Fontainebleau, affaire criminelle française non élucidée.

21 NOV 1988
Le corps de l'actrice française Pauline Lafont (25 ans) est retrouvée dans les Cévennes.

6 DÉC 1988
Le décès du chanteur américain Roy Orbison, connu des chanson *Oh, Pretty Woman* et *Only the Lonely*.

Lockerbie

21 décembre 1988. Le vol 103 de la Pan Am, qui a décollé de Londres à destination de New York, explose au-dessus dela ville de Lockerbie, en Ecosse. Les 259 occupants et 11 habitants de la localité sont tués. L'enquête établira que ce sont les services secrets lybiens qui ont dissimulé une bombe au semtex, un explosif proche du plastic, dans l'avion. Il apparaît aussi que le 'Guide de la révolution' Mouammar Kadhafi a lui-même ordonné l'attentat, pour se venger d'un bombardement américain survenu en 1986 et qui a coûté la vie à sa fille adoptive.

La vie est un long fleuve tranquille

3 février 1988. Réalisé par Etienne Chatiliez spécialiste de spots publicitaires, le film raconte le parcours de 2 enfants échangés à la maternité et de leurs destins 'inversés' dans des familles très différentes, les Groseille, plutôt beaufs et les 'Le Quesnoy' plutôt bourgeois très croyants. Certaines scènes sont restées culte, comme la chanson *Jésus reviens* interprétée par Patrick Bouchitey.

Refugié à l'aéroport

8 août 1988. Un réfugié iranien, Mehran Karimi Nasseri, est bloqué dans le terminal 1 de l'aéroport Roissy-Charles de Gaulle où il vivra jusqu'en août 2006.

Internet arrive en France

28 juillet 1988. Sophia Antipolis à Nice est relié à internet pour la première fois en France. C'est là que se trouve un établissement de l'Inria (Institut national de la recherche en informatique et automatique) dirigé par le chercheur Christian Huitema. Ce jour-là, une liaison informatique est établie entre la France et le réseau américain arpanet, ancêtre d'internet. La connexion relie Sophia Antipolis à l'université du Wisconsin aux États-Unis. Il s'agit d'une liaison par satellite, louée à France Telecom et à l'opérateur américain MCI. À l'époque, internet est utilisé uniquement par la communauté scientifique. Désormais les chercheurs français peuvent utiliser le fameux protocole TCP/IP pour échanger des données entre ordinateurs connectés.

DIVERTISSEMENT

Les Guignols de l'info

29 août 1988. Une émission caricaturant les médias, le monde politique, les personnalités et la société à travers des marionnettes de latex portées par les voix d'imitateurs comme Yves Lecoq ou Sandrine Alexi. Le programme diffusé en direct sur Canal + devient rapidement culte. N'oublions pas Serge Gainsbourg (photo) avec son sosie.

1988

Le vent des moissons
Considérée comme la première saga de l'été de la télévision française, *Le vent des moissons* est une mini-série française de 7 épisodes qui relate le quotidien d'Alexandre Leclerc et de sa famille, autour de leur domaine familial. Diffusée à partir du 21 juillet 1988, la série rencontre un énorme succès avec des millions de téléspectateurs à chaque épisode. Elle devient une source d'inspiration et consacre le genre de la saga en France.

Apostrophes
Bernard Pivot reçoit tous les grands noms de la littérature dans ses mythiques fauteuils : Charles Bukowski, Marguerite Duras, Vladimir Nabokov, Georges Simenon, etc... À 21h30, chaque vendredi soir, durant 15 ans, *Apostrophes* insuffle de la culture sur Antenne 2.

Camille Claudel

Considéré comme l'un des meilleurs films de l'année 1988, *Camille Claude* réalisé par Bruno Nuytten, relate l'histoire de la célèbre sculptrice ayant voué sa vie à son art et rêvant d'entrer dans l'atelier du maître Auguste Rodin. Porté par deux interprètes d'exception, Isabelle Adjani et Gerard Depardieu, le film remporte un succès critique et public avec une nomination pour l'Oscar de meilleure actrice pour Adjani en 1989.

Le boom du jeu
Donjons et Dragons apparu dans les années 1970, introduit le jeu de rôle. Le jeu de société *Trivial Pursuit* arrive dans les années 1980. L'apparition des jeux vidéos, notamment avec les salles d'arcades dans les années 1970, marque une nouvelle forme de socialisation par le jeu.

Qui veut la peau de Roger Rabbit ?
23 avril 1988. Un film innovant entre la partie classique et la partie animée, avec un Bob Hoskins en détective facétieux. La dualité entre le réel et le virtuel est étonnante, le rythme du film est à l'image d'un cartoon, explosif !

Le Tombeau des lucioles
Ce film d'animation japonais est réalisé par Isao Takahata au sein du célèbre Studio Ghibli en 1988. L'histoire émouvante suit 2 orphelins luttant pour survivre dans le Japon dévasté de la fin de la Seconde Guerre mondiale. Ce chef-d'œuvre, salué par la critique, le public et les médias, dépeint de manière poignante les horreurs de la guerre à travers des personnages attachants.

1988

Fitness à la française
Dans les années 1980, le fitness conquiert la France. Véronique et Davina sont les précurseures d'un nouveau mouvement qui prend de l'ampleur. C'est l'émission télévisée *Gym Tonic* qui les révèle au grand public et apporte le tube intergénérationnel *Toutouyoutou.*

J'ai faim de toi
2 juillet 1988. La marque de yaourt française Chambourcy engage Sandy Stevenson, Sandy en abrégé, pour une publicité. La chanteuse britannique chante sensuellement « Chambourcy, oh oui ! » Le slogan fait mouche et devient un mot d'ordre. Parallèlement au spot, Sandy enregistre une variation romantique sur le même thème. Celle-ci s'intitule *J'ai faim de toi* et devient un grand succès. Stevenson entre dans l'histoire en devenant la première chanteuse britannique à atteindre la première place du Top 50 français. Avec une chanson française...

Les animés japonais
2 dessins-animés arrivent en France lors de cette année 1988, et révolutionnent la culture populaire. *Dragon Ball Z* et *Les Chevaliers du Zodiaque* sont diffusés pour la première fois sur TF1 dans l'émission du *Club Dorothée.* Leur succès ouvre la porte à d'autres animés comme *Olive et Tom, Nicky Larson*, etc. Des séries qui ont marqué toute une génération et contribué à la démocratisation de la culture manga en France.

Ciel mon mardi !
10 mai 1988. Une émission à l'image de son présentateur Christophe Dechavanne. Sur un rythme hebdomadaire, l'émission est en 3 parties : d'abord un débat de société, suivi d'un bloc-notes et finit par un deuxième débat plus léger. Entouré de ses chroniqueurs fétiches : Patrice Carmouze, un peu gaffeur, Sophie Favier et Michel Field. On ne s'ennuie jamais, c'est de l'énergie en barre.

Le Grand Bleu
11 mai 1988. Le succès de 1998 s'appelle *Le Grand Bleu,* avec plus de 9 millions de spectateurs. Le film réalisé par Luc Besson avec une musique d'Éric Serra nous transporte dans les profondeurs marines. Inspiré par Jacques Mayol, le film met en scène des plongeurs en apnée qui recherchent l'ivresse des profondeurs et comme un espoir de devenir ou de ressembler à un dauphin, mais il faut rester vigilant pour ne pas y laisser sa peau.

1988

L'ours

17 octobre 1988. Réalisé par Jean-Jacques Annaud, ce film est une nouvelle prouesse du réalisateur. Adapté du roman *Le Grizzly* de l'écrivain américain James Oliver Curwood, c'est l'épopée d'un ourson adopté par un ours solitaire qui va lui apprendre les aléas de la vie y compris le mal incarné par les chasseurs. Mais un de ceux-ci interprété par Tchéky Karyo comprendra la dignité de la vie animale et arrêtera sa poursuite.

Radiola

Lancés en 1924, les postes récepteurs Radiola font pénétrer la radio dans les foyers français. Rachetée en 1931 par Philips, la marque se diversifie après la guerre dans l'électroménager et la télévision. Puis la marque est réservée aux petits distributeurs de quartier. La raréfaction de ces derniers provoque sa chute à la fin des années 1980.

Piège de Cristal

Le premier *Die Hard*, réalisé par John McTiernan, fait une entrée fracassante dans les salles de cinéma du monde entier. Le film met en scène un policier de New York, du nom de John McLane, interprété par Bruce Willis. La recette de son succès ? Un mélange d'action et d'humour qui devient un genre à part et propulse la carrière de Bruce Willis.

Itinéraire d'un enfant gâté

30 novembre 1988. Réalisé par Claude Lelouch, le film permet à Jean-Paul Belmondo et Richard Anconina de montrer leurs talents d'acteur avec des scènes que l'on ne se lasse pas de voir et revoir, comme quand Sam Lion apprend à Al de ne jamais être surpris. « Tu savais que ton père sortait avec le petit pompiste ? » ou encore à apprendre à dire « Bonjour ».

Question pour un champion

7 novembre 1988. La première de *Question pour un champion* est diffusée sur FR3. L'émission présentée par l'iconique Julien Lepers, met en concurrence 4 candidats qui s'affrontent dans 3 manches, en répondant à des questions de culture générale autour de buzzers. Un générique inoubliable, des phrases cultes « indice, chez vous », un animateur habile et des questions pointues, il n'en faut pas plus pour que l'émission devienne l'un des rendez-vous quotidiens des français.

MUSIQUE

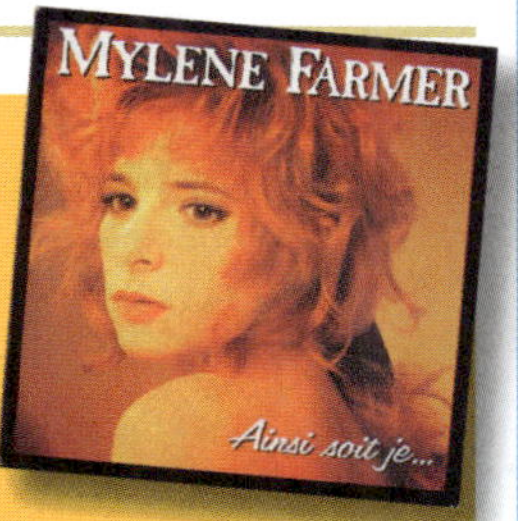

Mylène Farmer
14 mars 1988. Mylène Farmer bat tous les records. Elle détient le plus grand nombre de tubes n°1 (20), la vente de billets la plus rapide pour une tournée (100 000 en un jour) et le clip vidéo le plus long (17 minutes) à son nom. Son tout premier succès commercial est son deuxième album *Ainsi soit je*. Cet album, qui contient des tubes comme *Sans contrefaçon, Pourvu qu'elles soient douces* et *Sans logique*, fait de la mystérieuse chanteuse aux cheveux rouges en 1988 la première chanteuse française à recevoir un disque de diamant pour avoir vendu plus d'un million d'albums.

Michael Jackson
27-28 juin 1988. Michael Jackson réalise sa première tournée mondiale solo, le *Bad World Tour*, et devient le premier artiste à se produire au Parc des Princes devant 130 000 spectateurs. Le public français découvre un spectacle exceptionnel avec des danseurs et des hits tels que *Thriller* et *Billie Jean*. Ce concert mémorable reste l'une des rares apparitions de Michael Jackson en France, marquant ainsi un moment historique.

L'Aziza
Daniel Balavoine (+1986) dénonce le racisme qui secoue la société française. C'est le thème de sa chanson *L'Aziza* (1985). Hymne à l'amour destiné à sa femme d'origine juive marocaine, ce titre symbolise aussi ses convictions antiracistes.

Céline Dion
En tant que représentante suisse, Céline Dion interprète *Ne partez pas sans moi* lors de l'Eurovision 1988. Dans une victoire palpitante remportée avec un seul point d'écart, l'artiste, alors âgée de 20 ans, propulse sa carrière grâce à une performance mémorable qui a marqué les spectateurs.

Nelson Mandela 70
11 juin 1988. Un événement majeur marque toutes les générations : le concert hommage pour célébrer les 70 ans de Nelson Mandela au stade de Wembley. Ce spectacle historique, d'une durée de 11 heures, réunit des artistes de renom tels que Sting, George Michael, ou encore Eric Clapton. Organisé en faveur de la libération de Mandela, le concert est retransmis en direct dans 67 pays, atteignant une audience impressionnante de 600 millions de personnes.

Florent Pagny

Anciennement comédien, Florent Pagny fait ses débuts dans la musique en écrivant et composant un réquisitoire contre la drogue intitulé *N'importe quoi*. Le single connaît un immense succès, occupant la première place du Top 50 pendant 8 semaines, marquant ainsi le lancement décisif de la carrière musicale de Pagny.

MES 18 PREMIÈRES ANNÉES

TOP 10 1988

1. **Black** *Wonderful Life*
2. **Sam Brown & Pete Brown** *Stop!*
3. **Début De Soirée** *Nuit de folie*
4. **Mylène Farmer** *Ainsi soit je*
5. **France Gall** *Évidemment*
6. **Mory Kanté** *Yéké yéké*
7. **Bobby McFerrin** *Don't Worry Be Happy*
8. **Florent Pagny** *N'importe quoi*
9. **Sandy** *J'ai faim de toi*
10. **Yazz** *The Only Way Is Up*

Open | Search | Scan

George Michael

Un an après avoir sorti son premier album à succès, *Faith*, vendu à plusieurs millions d'exemplaires, George Michael lance immédiatement *The Faith Tour* pour promouvoir son album. Cette tournée mondiale marque le début de ses déplacements à l'échelle internationale et consolide sa position en tant que star mondiale de la musique.

Musique métisse

Des groupes multiculturels à l'attitude punk mélangent la musique de tous les coins du monde. Avec leur premier album *Mlah*, sorti en 1988, Les Négresses Vertes proposent une symbiose exotique de musette, de raï, de rock et de sons méditerranéens. La Mano Negra explore l'Amérique du Sud et introduit le *Patchanka*, autrement dit 'the wild sound'.

VOUS SOUVENEZ-VOUS ?

Acid house smiley

Photos: A Ronald C. Modra - Getty Images North America - Getty Images / **B** Mike Powell - Hulton Archive - Getty Images / **C** Mike Powell - Getty Images Europe - Getty Images / **D** Anton Starikov - Shutterstock / **E** Bernard Bisson - Sygma - Getty Images / **F** Pool Merillon:Stevens - Gamma-Rapho - Getty Images / **G** Sunset Boulevard - Corbis Historical - Getty Images / **H** Francois Ducasse - Gamma-Rapho - Getty Images / **I** Bernard Bisson - Sygma - Getty Images / **J** PA Images - Getty Images / **K** Georges De Keerle - Hulton Archive - Getty Images / **L** William Stevens - Gamma-Rapho - Getty Images / **M** Jerome Prebois - Sygma - Getty Images / **N** Eric Rober - Sygma - Getty Images / **O** Archive Photos - Moviepix - Getty Images / **P** Ullstein bild Dtl. - Ullstein bild - Getty Images / **Q** Mirrorpix - Getty Images / **R** Garcia - Gamma-Rapho - Getty Images / **S** Fabiàn Cevallos - Sygma - Getty Images / **T** Mirrorpix - Getty Images / **U** Archive Photo - Moviepix - Getty Images / **V** Jacques Pavlovsky - Sygma - Getty Images / **W** Eric Fougere - Corbis - Corbis Entertainment - Getty Images / **X** Hasbro Gaming.

SPORT

Catastrophe à Sheffield
15 avril 1989. Sheffield accueille le match de football opposant Liverpool à Nottingham Forest en demi-finale de la Coupe d'Angleterre. La foule s'accumule à l'entrée des tourniquets de contrôle. Une bousculade dans les tribunes entraîne la mort de 97 personnes.

Le 'professeur' Prost
Le Français Alain Prost est baptisé 'Le professeur' en raison de son style de pilotage très calculé, qui détonne par rapport au pilotage plus intuitif de son concurrent et équipier d'écurie, Ayrton Senna. La compétition acharnée qui les oppose sur les pistes des Grand Prix contribue à populariser davantage la compétition de Formule 1. Prost en est en 1989 à son troisième titre de champion du monde.

A

Surprises à Roland-Garros
5 juin 1989. En cette fin de printemps 1989, Michael Chang fait sensation en devenant le plus jeune vainqueur d'un tournoi du Grand Chelem, sur la terre battue de Roland-Garros. Après avoir écarté en huitième de finale le grand Lendl lors d'un match qui restera dans les annales du tournoi, il continue son sans faute jusqu'à la finale. Avec son service à la cuillère et ses audaces, il déstabilise en finale Stefan Edberg et devient le chouchou du public. Le 11 juin, l'Espagnole Arantxa Sánchez bat Steffi Graf dans le tournoi féminin.

B

Le monde de LeMond
23 juillet 1989. L'Américain Greg LeMond remporte le Tour de France pour 8 secondes. Cette victoire, il l'a forcée pendant l'ultime étape, un contre-la-montre de seulement 25 kilomètres, à l'issue de laquelle il efface son retard sur le Français Laurent Fignon, maillot jaune jusqu'à cet ultime chrono, qui comptait 58 secondes d'avance. C'est décidément l'année LeMond, puisqu'il devient champion du monde le 27 août à Chambéry.

30 JAN 1989
Le prince Alphonse de Bourbon (52 ans), duc d'Anjou et de Cadix, meurt dans un accident de ski dans le Colorado.

14 FEV 1989
La mort de l'ornithologue américain James Bond qui a donné son nom au héros de Ian Fleming.

24 MAR 1989
Des dizaines de milliers de litres de mazout polluent la côte de l'Alaska quand le tanker Exxon Valdez fait naufrage.

1989

ACTUALITES

Combien je coûte ?
1er janvier 1989. Grande nouveauté en cette année 1989, les cotisations patronales apparaissent sur le bulletin de salaire, montrant ainsi le coût total payé par les sociétés pour une personne.

Pyramide du Louvre
29 mars 1989. François Mitterrand inaugure la Pyramide du Louvre, l'édifice de verre et métal, au beau milieu de la Cour Napoléon. Dessinée par l'architecte sino-américain Ieoh Ming Pei, la Pyramide du Louvre marque l'avènement du projet 'Grand Louvre'. Ce joyau des temps modernes (21 mètres de haut et 37 mètres de large) devient dès lors l'entrée principale du Musée du Louvre.

Sauver l'Amazonie
11-13 avril 1989. Le chef indien Raoni épaulé par le chanteur Sting, s'arrête à Paris pour lancer un SOS pour la protection de l'Amazonie. On découvre un étrange personnage à la lèvre inférieure détendue par un 'plateau' et coiffé d'une parure à base de plumes d'ara.

« Par Toutatis ! »
30 avril 1989. À 40 km du Nord de Paris, le plus célèbre des petits moustachus et son ami « tombé dedans quand il était petit » ont leur parc à thèmes dédié à l'univers d'une des bandes dessinées favorites des Français. A travers 7 aventures, reprenant les épisodes de la BD (en Gaule, en Egypte, chez les Romains..), le parc se décline pour toute la famille entre manèges à sensation et parades.

Une traversée sur un fil
26 août 1989. Le célèbre funambule Philippe Petit traverse, sur un câble tendu au-dessus de la Seine, les 700 mètres qui séparent le Trocadéro du premier étage de la tour Eiffel !

17 AVR 1989
Le tueur en série, Thierry Paulin, arrêté le 1er décembre 1987, meurt du sida à l'hôpital de Fresnes.

23 MAI 1989
Le film *Sexe, Mensonges et Vidéo* de Steven Soderbergh remporte la Palme d'Or à Cannes.

3 JUN 1989
L'ayatollah Khomeini, qui a transformé l'Iran en état islamique, meurt. Ali Khamenei est son successeur.

Le Mur tombe
9 novembre 1989. Le gouvernement de la République Démocrate Allemande (RDA) tombe et le Politburo démissionne le lendemain. Vieux de 28 ans, le Mur est tombé. Des milliers d'Allemands de l'Est, souvent à bord de leur voiture Trabant, créent d'interminables embouteillages pour franchir les points de passage à Berlin. Les émigrants sont accueillis triomphalement par leurs nouveaux compatriotes de l'Ouest, à grand renfort de vin mousseux.

Peugeot en grève
8 septembre 1989. Jusqu'au 26 octobre, le site Peugeot de Sochaux connaît la plus longue grève de son histoire. Ce mouvement a démarré à Mulhouse. Un rassemblement pour exprimer un ras le bol dû à l'alourdissement des charges de travail et les faibles salaires.

ACTUALITES INTERNATIONALES

La Perestroïka traîne des pieds
26 mars 1989. Le changement se précise en Union Soviétique, avec des élections libres. Un certain Boris Eltsine, convaincu que la transformation du pays (perestroïka) menée par Michaïl Gorbatchev est trop lente, se voit exclu du parti communiste. Cela ne l'empêche pas de remporter les élections à Moscou.

La chute du communisme
En mai, les premières ouvertures sont pratiquées dans le Rideau à la frontière hongroise. En juin, en Pologne, le parti représentant le syndicat Solidarność gagne les élections. Le 23 août, 2 millions d'habitants des pays baltes forment une chaîne humaine longue de 600 kilomètres. En Tchécoslovaquie, des centaines de milliers de personnes arborent leurs porte-clés pour réclamer leur libération.

POLITIQUE

Un bicentenaire en grande pompe
14 juillet 1989. Pour célébrer le bicentennaire de la Révolution française, le Président Francois Mitterrand accueille les chefs d'Etats des pays du G7 et inaugure l'arche de la Défense à Paris. Au programme : défilé de Jean Paul Goude, inauguration de l'opéra Bastille, Renaud en concert à Bastille en contrepouvoir, et parade militaire.

13 JUL 1989
Inauguration du nouvel Opéra de la Bastille à Paris, conçu par Carlos Ott.

25 AOÛ 1989
La sonde spatiale Voyager 2 atteint la planète Neptune, le premier et dernier vaisseau spatial à visiter la planète.

27 SEP 1989
Le journal *Le Canard enchaîné* publie la déclaration fiscale du PDG de Peugeot, Jacques Calvet.

1989

Les Versets Sataniques

14 février 1989. L'écrivain britannico-américain d'origine indienne, Salman Rushdie, s'attire les foudres du monde islamique avec son ouvrage *Les Versets Sataniques*. Il est notamment accusé de profaner la religion et d'insulter le Prophète. S'ensuivent des autodafés de ses livres et autres attentats dans des librairies au Royaume-Uni, ainsi que des manifestations violentes au Pakistan. Le 14 février, l'ayatollah iranien Khomeini décide de réclamer la tête de l'écrivain. Celui-ci devra se cacher et vivre sous protection pendant des années.

Révolution numérique

Les ordinateurs Amiga, Atari ST et Commodore 64 sont les plus populaires. Pour des utilisations plus 'sérieuses', le choix des utilisateurs se porte plutôt vers le Apple Macintosh et surtout le IBM Personal Computer, qui fonctionne sous MS-DOS. Quant aux grandes entreprises et aux institutions officielles, elles se tournent vers l'intranet, qui utilise des réseaux internes connectés.

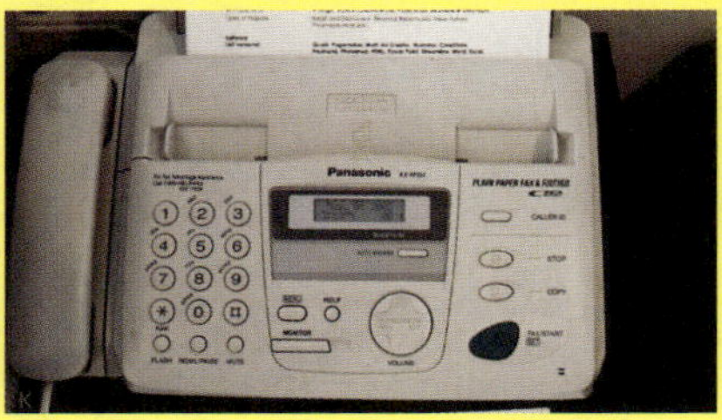

Le fax

Personne ne connaît encore le courriel (e-mail) en 1989. Il existe toutefois un appareil bien pratique, le fax, qui supplante bientôt le traditionnel telex et... les lettres manuscrites. Il permet de transmettre des documents ou photos (en noir et blanc) par simple ligne téléphonique.

Il bloque les chars

5 juin 1989. A Pekin, la place de La Paix Céleste (Tien an Men) est occupée par une marée humaine. Pendant plusieurs semaines, des étudiants et des travailleurs, encouragés par les récents changements survenus en Union Soviétique et au sein des pays du Bloc de l'Est, y réclament une réforme profonde du système communiste chinois. Cela n'empêche pas le dirigeant du pays, Deng Xiaoping, de faire sortir les chars pour évacuer la place. L'intervention des militaires fera de 3 000 à 10 000 morts. Une image symbolisera l'événement : celle d'un jeune Chinois debout tentant de barrer la route à une colonne de chars.

5 OCT 1989

Le prix Nobel de la paix est attribué au dalaï-lama tibetain, en exil en Inde.

9 NOV 1989

La chute du Mur de Berlin qui a séparé les deux 'Allemagnes' depuis 1961.

16 DÉC 1989

Début du soulèvement populaire en Roumanie, la fin du régime du dictateur Ceaucescu.

DIVERTISSEMENT

Batman
Le célèbre héros de bande dessinée américaine *Batman* fait sa deuxième apparition sur le grand écran. Cette fois, c'est l'acteur Michael Keaton qui personnifie le super-héros au physique de chauve-souris, pour combattre le très méchant Joker, incarné par Jack Nicholson. Soutenu par la musique de Prince, le film fait un carton en Amérique et provoque un tel engouement que toutes sortes de produits commercialisés portent le logo représentant Batman.

Game Boy
Malgré son retard technologique sur d'autres consoles de jeux numériques comme Sega Game Gear et Atari Lynx, c'est Game Boy qui devient la plus populaire, soutenue par un marketing habile et un matériel de qualité. Elle affiche un prix abordable, utilise des piles de longue durée et propose une série de jeux impressionants comme *Tetris*, *Super Mario Land* et les *Pokémon*. Game Boy sera vendu à 40 millions d'exemplaires.

Ça zappe sur Canal
2 janvier 1989. Le *Zapping*, l'émission qui vous résume les actualités à la télévision, fait son apparition sur Canal. Au programme, tous les soirs et pendant 5 minutes, les spectateurs pourront découvrir un condensé de faits divers et de l'actualité, qui prêtent à sourire ou à s'informer.

Retour vers le futur
On a découvert l'univers déjanté de Marty McFly et de Doc dans le premier opus révolutionnaire. Les 2 compères reviennent dans une seconde aventure qui battra un record de popularité. A bord ce sa DeLorean, Marty part à l'assaut d'un futur (2015 !) pour découvrir les skateboard volant, manteau gonflable et son propre futur. Un épisode aux scènes cultes qui immortalisera à jamais Michael J. Fox.

Les feux de l'amour
En 1989, les rivalités des clans et familles de ces habitants du Wisconsin déferlent sur nos écrans. Une mise en scène qui s'appuie sur les relations entre les personnages, des dialogues incroyables et un générique qui restera dans nos esprits, sont les clés du succès de ce soap opéra. La série sera diffusée pendant plus de 30 ans, inspirant également de nombreuses parodies.

Marcel Béliveau et ses caméras cachées
L'heure est aux caméras cachées sur TF1. Marcel Béliveau piège les célébrités du show bizz français pendant 10 ans, donnant place aux quiproquos et scènes les plus cocasses de la télé. Des stars qui piègent des stars, c'est ça l'humour de la fin des années 80.

1989

Une berline innovante
23 mai 1989. Citroën lance la XM, sa berline très haut-de-gamme dessinée par le carrossier italien Bertone et produite dans l'usine de Rennes-La-Janais. Elle succède à la mythique CX. C'est la première voiture au monde à être équipée de suspensions hydroactives, une technologie qui associe la force électronique et la souplesse hydraulique.

Naissance des Eurockéennes de Belfort
Un nouveau festival rock est né. Organisé sur la presqu'île de Malsaucy, le festival connaît un démarrage réussi avec près de 8 000 spectateurs. A l'affiche, Elvis Costello, Jacques Higelin, Noir Désir ou encore les Garçons Bouchers.

Parc océanique Cousteau
11 juillet 1989. En plein cœur de Paris, au cœur du forum des Halles, a lieu l'inauguration du Parc océanique Cousteau. Dédié à l'univers de la mer et des océans, ce parc d'attractions, sans aquarium ni animaux vivants, ne rencontrera jamais son public et ferme ses portes en 1992.

Décès du père spirituel de Maigret
L'écrivain belge le plus connu au monde, Georges Simenon, décède dans la ville suisse de Lausanne. Il a acquis sa popularité grâce à 75 romans policiers dont 28 titres mettant en scène le célèbre inspecteur Maigret. Véritable boulimique de l'écriture, le Liégeois a aussi publié 136 romans psychologiques et des centaines de nouvelles, souvent sous pseudonyme. Il expliquait qu'il « écrivait » d'abord ses livres dans sa tête, avant de simplement les transcrire sur papier.

VOUS SOUVENEZ-VOUS ?

Montre de bonbons

Les Simpsons
Cette série d'animation télévisée américaine met en scène un groupe de personnages dont les tribulations constituent une satire de la société américaine. Après avoir marqué son mépris pour la série, l'épouse du président américain Barbara Bush changera de point de vue et s'excusera. Avec ses 703 épisodes, *Les Simpsons* est l'une des plus longues séries de télévision jamais diffusées.

« Navarro j'écoute »
Le plus célèbre des flics français des années 90 apparaît sur nos écrans. Avec ses acolytes Bain Marie, Blomet et Auquelin, sa fille Yolande et sa confidente Ginou, Roger Hanin nous régalera d'enquêtes pendant près de 30 ans dans la série policière *Fort Navarro*. Tous les jeudis, Antoine Navarro réussira ses enquêtes avec flegme et bons sentiments, pour en faire un des personnages de télé préférés des Français.

Plus on en parle… moins on le fait !
Dans cette BD humoristique, Georges Wolinski évoque les relations homme-femme au quotidien, leur rapport au sexe, à la société, à la politique.

Le coup d'envoi d'Eurosport
5 février 1989. Eurosport est lancé par un consortium de 14 chaînes européennes associé à l'opérateur Sky Television. En 1991, le groupe TF1 prend le contrôle. Eurosport diffuse plus de 100 sports différents dans 59 pays, en 20 langues. Parmi les présentateurs, citons Thomas Bihel (football), Bruno Cuaz (tennis), Jacques Leunis (cyclisme) ou encore Pauline Schatz (ski alpin).

Sa dernière croisade
18 octobre 1989. C'est le troisième film d'Indiana Jones réalisé par Steven Spielberg. Un véritable succès planétaire, avec presque 500 millions de dollars de recette. Harrison Ford accompagné de Sean Connery joue un film d'action aux effets spéciaux grandioses.

Cinéma Paradiso
20 septembre 1989. Un film franco-italien sur la passion du cinéma avec des flashbacks dans un vieux cinéma de quartier, Cinéma Paradiso. Un film tendre, émouvant porté par des acteurs sensibles comme Philippe Noiret (Alfredo), Jacques Perrin (Toto adulte) et Salvatore Cascio (Toto enfant). Pour ceux qui ont encore une âme d'enfant…

Rain Man
15 mars 1989. Une belle histoire entre *Rain Man*, une personne autiste, jouée par Dustin Hoffman et son frère joué par Tom Cruise se retrouvant à avoir la garde de celui-ci après le décès de ses parents. Un road-movie permettra au jeune frère égocentrique de protéger son frère autiste avec affection, comme un grand frère. Côté musique, Hans Zimmer va signer la B.O.

Les enfants du désordre
22 novembre 1989. La sortie du film de Yannick Bellon. Marie, une jeune droguée, est placée dans une troupe théâtrale composée de délinquants. Elle s'éprend de Pierre. Elle semble reprendre pied jusqu'à ce que Pierre soit arrêté par la police.

1989

Les pochettes de Crados
« Degeulos », « animos », « gravos » et bien d'autres noms scabreux arrivent dans les cours de récrés. Les autocollants « les crados » feront autant le bonheur des petits que les malheurs des parents, chez qui le succès sera plus que mitigé.

MUSIQUE

Love Parade à Berlin
1er juillet 1989. C'est sous le thème de «Friede, Freude, Eierkuchen » que se tient la première Love Parade à Berlin. Le slogan, dont l'équivalent en français pourrait être « tout le monde il est beau, tout le monde il est gentil », rassemble minibus Volkswagen et autres engins décorés de couleurs tapageuses, diffusant de la musique house, trance, techno ou hardstyle. Le festival deviendra bientôt jusque dans les années 90 la plus grande fête consacrée à la danse dans le monde, attirant en moyenne un million de personnes.

Jeu vidéo Commodore

(I Can't Get No) Satisfaction
29 août 1989. Cela fait 7 ans que les Rolling Stones ne se sont plus produits sur scène ensemble. Et leurs relations ne sont pas au beau fixe, particulièrement entre Mick Jagger et Keith Richards. La sortie d'un nouvel album, *Steel Wheels*, prouvera qu'ils sont loin d'avoir chanté leur dernier hit. Par la suite, ils apparaîtront comme les véritables - et vénérables - rois des concerts organisés dans les plus grands stades.

Renaud prend la Bastille
8 juillet 1989. Le chanteur Renaud et l'écrivain Gilles Perrault organisent un contre-bicentenaire de la Révolution, en marge des événements de commémoration mis en place par le Président Mitterrand. Les instigateurs de l'événement considèrent que le Tiers-État de 1789 est toujours existant et qu'il s'agit des pays du Tiers-Monde. Johnny Clegg, Mano Negra et Hubert-Félix Thiéfaine notamment rejoignent le « chanteur énervant » sur scène. Ce concert gratuit réunit environ 30 000 « insoumis » qui réclament en chœur l'annulation de la dette des pays en voie de développement.

Jeanne Mas à Bercy
29 septembre 1989. Jeanne Mas, accompagnée de son orchestre presqu'entièrement italien, enflamme Bercy et entre dans l'histoire de la chanson française en devenant la première artiste féminine française à remplir cette salle mythique. La veille du show, la chaîne TV La Cinq lui consacre une édition spéciale au *Journal* de 20 heures, où l'originaire d'Espagne, naturalisée française, annonce que « ça va bouger ! »

Coeur de loup
Ce titre fait connaître le chanteur belge Philippe Lafontaine en France en 1989 et il obtient la Victoire de la musique pour révélation masculine de l'année.

Roch Voisine
11 novembre 1989. « Seul sur le sable, les yeux dans l'eau... », son succès est si beau ! Roch Voisine, chanteur canadien, sort sa ballade guitare-voix en arpèges nommée *Hélène*. Le tube se niche le 11 novembre dans le Top 50 français et lance la carrière du gentleman - il y restera 27 semaines consécutives.

Monsieur Rock
Le ministre de la Culture Jack Lang nomme le jeune Bruno Lion au poste de chargé de mission pour le rock et les variétés. Bien qu'il ne dispose d'aucun budget, Lion parvient rapidement à gagner la confiance du secteur. Il recherche des fonds pour les petits labels indépendants et soutient la diffusion du rock français à l'étranger. Il est surnommé Monsieur Rock.

Pour toi Arménie
En décembre 1988, la terre tremble à Spitak, en Arménie. 25 000 personnes sont tuées. Un demi-million de personnes se retrouvent sans abri. Malgré la Guerre froide, le dirigeant soviétique Gorbatchev demande de l'aide à l'Occident. Charles Aznavour est profondément préoccupé par la catastrophe. Il est né en 1924 de parents arméniens. Son vrai nom est Chahnour Varinag Aznavourian. Avec le compositeur Georges Garvarentz, il crée *Pour toi Arménie*. Aznavour réussit à convaincre une liste impressionnante de personnalités françaises de chanter dans les chœurs. De Julien Clerc à Michel Delpech, de Johnny Hallyday à Alain Souchon, de Vanessa Paradis à Michel Sardou.

1989

Tournée d'Enfoirés

6-14 novembre 1989. La troupe composée de Véronique Sanson, Michel Sardou, Jean-Jacques Goldman et son fidèle ami Michael Jones, Eddy Mitchell ou encore Johnny Hallyday foule les planches des zéniths de Paris, Lyon, Vitrolles, Montpellier, Bordeaux ou Lille... L'album live sort fin novembre.

MES 18 PREMIÈRES ANNÉES
TOP 10 1989

1. **The Bangles** *Eternal Flame*
2. **Patricia Kaas** *Quand Jimmy dit*
3. **Kaoma** *Lambada*
4. **Philippe Lafontaine** *Coeur de loup*
5. **Bernard Lavilliers** *On the road again*
6. **Madonna** *Like A Prayer*
7. **Roy Orbison** *You Got It*
8. **Roch Voisine** *Hélène*
9. **Technotronic** *Pump Up The Jam*
10. **Tanita Tikaram** *Twist In My Sobriety*

Open | **Search** | **Scan**

Lambada

Les producteurs Jean Georgakarakos et Olivier Lorsac ont réuni un groupe pour promouvoir la chanson *Lambada*. Kaoma est composé des anciens membres du groupe sénégalais Touré Kunda. Le Brésilien Loalwa Braz est engagé comme chanteur. Le clip vidéo estival, dans lequel les enfants Chico et Roberta jouent un rôle important, fait le reste. La chanson est en tête des hit-parades tout au long de l'été. Plus tard, il s'avérera que la mélodie et les paroles du single le plus vendu dans les années 1980 ont été volées au groupe bolivien Los Jarkas. Ce dernier a intenté un procès et l'a gagné. Ne serait-ce que pour l'honneur.

David Hallyday

Le fils de Johnny Hallyday et Sylvie Vartan se passionne pour la musique. Après la séparation de ses parents en 1980, David vit à Los Angeles avec sa mère. En 1986, il obtient le premier rôle dans la comédie *He's My Girl*, dans laquelle il chante 3 titres. C'est grâce au single-titre du film que sa carrière démarre. Rapidement, un premier album *True Cool* voit le jour. Le single *High* - une chanson en anglais - se placera immédiatement en haut des charts français.

SPORT

L'Allemagne gagne

8 juillet 1990. La coupe du monde de football pose ses valises en Italie. Tout le monde attend le grand Maradona, idole de Naples, pour un sacre « à la maison ». Mais c'est l'Allemagne de Lothar Matthäus qui s'impose en finale contre l'Argentine. Après l'Italie et le Brésil, l'Allemagne est la 3e nation à remporter 3 titres mondiaux. Restera dans les annales du foot la célèbre phrase de Lineker prononcée à cette occasion : « Le football est un sport simple : 22 hommes courent après un ballon pendant 90 minutes, et à la fin, c'est l'Allemagne qui gagne ».

A

Catherine Marsal

1er septembre 1990. Au championnat du monde de cyclisme sur route, la Française Catherine Marsal s'impose au Japon. Après avoir dominé l'épreuve de bout en bout, elle termine la course avec plus de 3 minutes d'avance sur ses poursuivantes et rejoint Jeannie Longo au panthéon des grandes cyclistes françaises.

B

C

La fiancée de l'Atlantique

18 novembre 1990. Florence Arthaud est la première femme à remporter la Route du Rhum reliant Saint-Malo et Pointe-à-Pitre. La navigatrice rallie Pointe à Pitre en 14 jours, 10 heures, 8 minutes, 28 secondes. Seule femme à avoir réussi l'exploit de cette traversée titanesque, elle sera surnommée 'la fiancée de l'Atlantique'.

Monica Seles rentre dans l'histoire

9 juin 1990. A 16 ans et 6 mois, Monica Seles remporte le tournoi de Roland-Garros. Face à Steffi Graf, elle entame sans le savoir un cycle de 3 ans où elle règnera à Paris.

Y

Christine Janin sur le toit du monde

5 octobre 1990. Journée mémoire pour Christine Janin. Après plusieurs expéditions dans l'Himalaya et sur l'Annapurna, la médecin et alpiniste devient la première Française à avoir atteint le sommet de l'Everest (8 848 m).

16 JAN 1990

A Marseille, le docteur Jean-Jacques Peschard, maire-adjoint de la ville, est assassiné.

7 FEV 1990

130 associations plaident pour le droit de vote aux élections locales de tous les residents étrangers.

3 MAR 1990

Victoire du XV de France sur l'équipe d'Irlande au Tournoi des Cinq Nations.

1990

La main de Vata

18 avril 1990. C'est dans un stade de la Luz garni par plus de 100 000 spectateurs que l'Olympique de Marseille vient chercher au printemps une qualification pour sa première finale de Coupe d'Europe. Les marseillais l'ont emporté 2 buts à 1 à l'aller, et un nul leur suffit pour se qualifier. Alors que la fin du match approche, les marseillais tiennent le 0 à 0 et vont se qualifier pour la première finale de leur histoire. Sur un corner dans les dernières minutes du match, Vata surgit au second poteau et marque... de la main. L'arbitre n'a pas vu le geste et valide le but, éliminant les marseillais.

D

ACTUALITES

Café croissant

Selon une étude de l'Observatoire du Café, les Français consomment en moyenne 5,4kg de café par personne et par an. Les préférences varient selon les régions et les individus. L'espresso italien reste une valeur sûre. Cependant, le café allongé, le café serré ou encore le café noisette sont aussi appréciés. Le café au lait est souvent accompagné d'un croissant ou une tartine de pain. Culture française oblige !

F

E

Deux chevaux

27 Juillet 1990. A l'usine Citroën Lusitania de Mangualde, l'heure de la fin de production de la 2CV a sonné. L'iconique voiture y est assemblée depuis le 28 février 1988.

La bible d'Escoffier

Écrit en 1903 par Auguste Escoffier, ce livre est la bible du cuisinier français. Il a été écrit dans le but de moderniser la haute cuisine française. Un livre qui aide à commencer une recette et à en revisiter les bases.

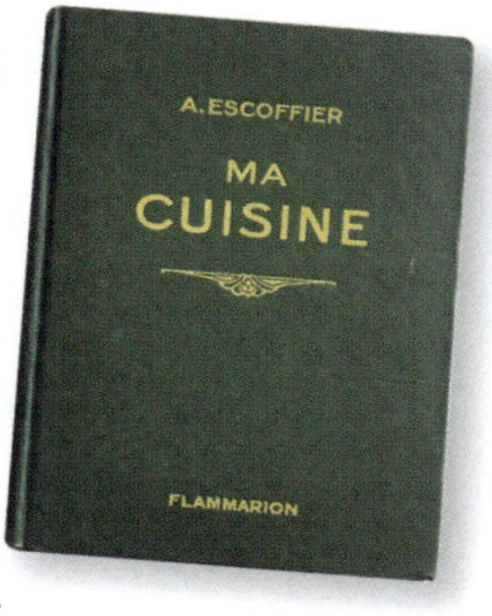

28 AVR 1990

Au conseil européen de Dublin, la communauté européenne se met d'accord sur la réunification allemande.

29 MAI 1990

Election de Boris Eltsine au poste de président de la Russie après la désintégration de l'Union Soviétique.

30 JUN 1990

Une nouvelle loi renforce les sanctions contre le racisme.

1990

Tapie contrôle Adidas
Juillet 1990. Le groupe d'entreprises dirigé par Bernard Tapie acquiert Adidas dans une transaction qui suscite de nombreuses controverses. En 1992, Adidas est contrainte de déclarer un redressement judiciaire, marquant le début d'une période tumultueuse pour l'entreprise. Finalement, en 1993, la marque de sport est revendue à un consortium d'investisseurs dirigé par Robert Louis-Dreyfus.

Le TGV bat un record du monde de vitesse
18 mai 1990. C'est jour de fête à la gare de Vendôme, dans le Loir et Cher. Le TGV vient d'atteindre la vitesse de 515,3 km/h au niveau du point kilométrique 166. A l'intérieur du train, 40 techniciens exultent devant ce nouvel exploit réalisé par le groupe SCNF. Michel Massinon, chauffeur de la rame, est accueilli en héros à la gare de Tours.

POLITIQUE

Brice Lalonde
Le militant écologiste est appellé au gouvernement par Michel Rocard et devient ministre de l'Environnement. À ce poste, il impose notamment le pot catalytique aux constructeurs automobiles et la reprise de leurs emballages par les entreprises. En 1990, il fonde Génération écologie et se pose en alternative non alignée des Verts.

ACTUALITES INTERNATIONALES

Le Mur démantelé
1er janvier 1990. 200 000 Allemands de l'Est et de l'Ouest célèbrent le nouvel-an à Berlin. Il apparaît assez vite que des milliers d'ex-Allemands de l'Est ont décidé d'envahir l'ancien siège central de la Stasi pour consulter leur dossier établi par la Sécurité d'Etat de l'ex-RDA. Le 29 janvier, l'ancien dirigeant est-allemand Erich Honecker, est arrêté et inculpé de haute trahison. Le 19 février à minuit, les garde-frontières commencent à démanteler le mur.

14 JUL 1990
Jean-Michel Jarre organise un concert à la Défense à Paris devant plus de 2,5 millions de personnes, un record mondial.

31 AOÛ 1990
Signature à Berlin du traité de réunification entre la RFA et la RDA en Allemagne.

30 SEP 1990
Le premier TGV Atlantique entre en gare de Bordeaux-Saint-Jean en provenance de Paris.

1990

La résurrection du Mur

Janvier 1990. La démolition du Mur de Berlin se poursuit : une partie des 1,7 million de tonnes de débris est réutilisée pour la construction de nouvelles routes et bâtiments mais un nombre incalculable de morceaux du Mur historique seront vendus ou collectionnés.

Big Mac à la Russe

31 janvier 1990. Le symbole par excellence de la société de consommation s'installe au coeur de l'épicentre du communisme. Le premier McDonald's de l'Union Soviétique ouvre ses portes sur la place Pouchkine à Moscou. Des milliers de Moscovites ne tardent pas à faire la file devant l'imposant établissement de la chaîne américaine pour acquérir un Big Mac. Au premier jour d'ouverture, 34 000 hamburgers seront engloutis par les estomacs moscovites...

La fin de l'Union Soviétique

17 février 1990. L'Union Soviétique vacille. Alors que son leader Mikhaïl Gorbatchev entend mener des réformes, les pressions se font fortes parmi la mosaïque de nationalités, qui veulent accélérer le mouvement. Gorbatchev tente bien de conserver la cohésion de l'ensemble de l'Union mais les forces centrifuges dominent. En février, le parti communiste abandonne son monopole du pouvoir.

Mandela enfin libre

11 février 1990. Après 27 années de captivité, le leader anti-apartheid Nelson Mandela est enfin libéré. Le président sud-africain Frederik Willem de Klerk comprend que le régime d'apartheid n'est plus tenable. Le monde retiendra l'image de Mandela quittant la prison aux bras de son épouse Winnie. Le futur président du pays s'adressera plus tard à une foule de 100 000 personnes, dans le stade de football de Johannesburg, pour parler d'une nouvelle Afrique du Sud, exempte de discrimination raciale. Il devient le leader politique de l'ANC, et entame en mai des négociations avec De Klerk.

Premier appareil photo numérique

Le Dycam Model 1 -aussi connu sous le nom de Logitech Fotoman- provoque une onde de choc dans le monde de la photo. Le premier appareil entièrement numérique destiné au consommateur permet de réaliser des photos en noir et blanc offrant une résolution de 320x240 pixels, enregistrées dans une mémoire interne de 1 MB. Avec le câble, les images peuvent être stockées dans un ordinateur.

15 OCT 1990

Le leader soviétique Mikhaïl Gorbachev reçoit le Prix Nobel de la paix.

23 NOV 1990

Décès de l'écrivain Roald Dahl (74 ans), connu pour son livre *Charlie et la Chocolaterie*.

31 DÉC 1990

Le Russe Gari Kasparov reste le champion du monde d'échecs après avoir battu Anatoli Karpov.

La guerre du Golfe

2 août 1990. Le Président irakien Saddam Hussein apparaît chaque jour davantage comme l'ogre du Golfe persique. L'Irak décide d'envahir le Koweït, qu'il accuse de puiser du pétrole dans des nappes irakiennes, grâce à des puits creusés en oblique. De plus, l'Irak compte encore d'importants emprunts qu'il n'a pas remboursés au Koweït. La modeste armée koweïtienne ne peut guère résister aux troupes de Saddam Hussein et abandonne rapidement le combat. Les Nations-Unies condamnent l'agression et la communauté internationale impose un boycott et un ultimatum à l'Irak : si celui-ci ne se retire pas, l'ONU mettra fin à l'occupation par la force. Saddam Hussein refuse de s'éxécuter et l'ultimatum va expirer. La guerre peut commencer.

Thatcher s'en va

31 mars 1990. Près de 200 000 personnes manifestent à Trafalgar Square à Londres contre la Poll Tax. Des incidents violents éclatent. L'impôt que veut imposer le gouvernement de Margaret Thatcher prévoit une taxe par tête d'habitant. Il en résulte que les personnes isolées et les couples sans enfants paieraient beaucoup moins d'impôts que les familles comptant des enfants. La première ministre en fait une affaire d'honneur et démissionne, devant l'énorme opposition manifestée par la population.

Le télescope spatial Hubble

24 avril 1990. Les Américains de la NASA et les Européens de l'ESA annoncent le lancement du télescope spatial Hubble. Sa caméra infrarouge et son spectroscope permettent de dévoiler des parties inconnues de l'univers. Les mesures de l'engin réalisées à des milliers d'années-lumière de la terre révèlent notamment que l'univers vieillit plus vite que prévu. Les images sont spectaculaires et leur netteté impressionnante.

Lumière au bout du tunnel

30 octobre 1999. En 1802 un spécialiste français des mines avait lancé l'idée d'un tunnel reliant la France à la Grande-Bretagne. Son projet est devenu réalité 186 ans plus tard. Les travaux sont entamés en 1988 et le 30 octobre 1999, une minuscule brèche de 5 centimètres est creusée dans la paroi séparant les équipes de tunneliers française et britannique, sous les eaux de la Manche. L'achèvement des travaux prendra encore 3 ans et demi.

1990

L'essor du web
13 novembre 1990. Le développeur de logiciels britannique Tim Berners-Lee rêve de relier les ordinateurs entre eux. Il lance l'idée d'une toile (web) universelle, une énorme bibliothèque numérique, dans laquelle toutes les informations et connaissances humaines seraient sauvegardées et accessibles à tout usager d'un ordinateur. Avec la collaboration de l'informaticien belge Robert Caillau, il met au point un système qui sera à la base du World Wide Web (www).

L'homophilie n'est plus une maladie
17 mai 1990. Jusqu'en 1990, l'homosexualité figurait sur la liste des maladies mentales de l'Organisation Mondiale de la Santé. Tout comme la schizofrénie, la démence et la dépresssion. Le 17 mai, « homophilie » disparaît de la liste. Cette date sera ensuite proclamée Journée Internationale de lutte contre l'homophobie, la biphobie, la transphobie et la phobie intersexe.

Révolutions
La chute du Mur de Berlin, ses nombreuses conséquences et les révolutions historiques au sein du Bloc de l'Est, font la Une sur tous les médias du monde. En Roumanie, le régime communiste est renversé en décembre 1989 et le dictateur Nicolae Ceaușescu (à droite sur la photo) est fusillé à la Noël. En Pologne et en Tchécoslovaquie, les principaux leaders des soulèvements contre les régimes communistes sont élus président de leur pays à la suite des premières élections libres.

Victime du hard rock
3 janvier 1990. Plus de 20 000 soldats américains envahissent le Panama avec l'intention de renverser le dictateur militaire Manuel Noriega. Ils l'accusent d'être la figure centrale d'un énorme trafic de drogue et d'opérations de blanchiment d'argent sale. Noriega se réfugie alors dans l'ambassade du Vatican à Panama. Il se rend le 3 janvier après une opération américaine de pression psychologique, à l'aide de diffusion incessante de hard rock.

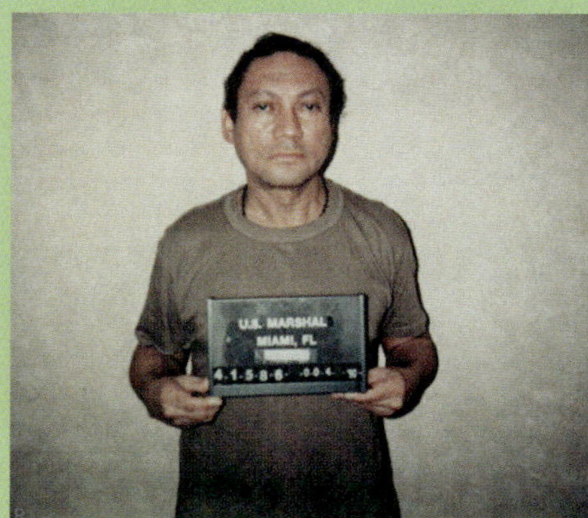

La percée d'internet
Les années 1990 sont celles de la percée décisive d'internet. Initialement, sa principale fonction consiste à gérer les courriels (e-mail). Nombre d'utilisateurs privés et d'entreprises y disposent d'une page d'accueil propre. Les contacts sociaux sont gérés via les services de messageries instantanées du type MSN Messenger et ICQ.

DIVERTISSEMENT

Envoyé Spécial

18 janvier 1990. Emission phare du journalisme d'investigation français, *Envoyé Spécial* démarre en grandes pompes. En proposant des reportages approfondis et enquêtes percutantes, à travers des sujets très variés, elle se fait une place de choix dans les médias français. Précurseur de nombreux médias et émissions du genre, la qualité des enquêtes lui assurera un succès chaque jeudi soir sur Antenne 2, puis France 2.

VOUS SOUVENEZ-VOUS ?

View-Master

Rivalité Nintendo Sega

Septembre 1990. Alors que Nintendo est au top des charts avec sa Game Boy, Sega lance sa MegaDrive, console de jeu nouvelle génération en 16bits. Une petite révolution qui mettra la console en haut des ventes, grâce à son jeu emblematique *Sonic le Hérisson*. Nintendo réagira avec sa *Super Nintendo* et sa franchise *Zelda*. C'est le début d'une compétition qui durera toute la décennie entre les 2 plus grandes marques de console au monde.

Maman, j'ai raté l'avion

Classique parmi les classiques de Noel, le premier épisode de *Maman J'ai raté l'avion* verra l'éclosion de Macaulay Culkin dans le rôle d'un enfant oublié qui résiste face à de méchants cambrioleurs. Face aux 2 nigauds, Kevin redouble d'imagination et de facéties pour écarter les assauts des voleurs bien maladroits. Un conte de Noël qui propulsera le jeune Culkin sur le devant de la scène mondiale, et qui sera suivi de 3 nouveaux épisodes.

Rendez vous au Fort

La Boule et le Père Fouras, ca vous dit quelque chose ? Félindra et sa tête de tigre ? *Fort Boyard* bien sûr. Ce fort, au large de l'île d'Oléron, accueille tous les samedis des célébrités françaises pour relever une série de défis, afin de collecter un maximum de Boyards, monnaie du fort. L'argent collecté sera reversé à une association caritative. Patrice Laffont accompagne les participants à travers différentes épreuves, faisant appel à l'agilité, la force ou la capacité à surmonter ses peurs. Qui n'a pas tremblé devant la salle des serpents ou retenu son souffle au moment où les Boyards coulent à flot, marquant la réussite de l'équipe à résoudre l'énigme ?

La Cuisine des Mousquetaires
Maïté incarne la cuisine française à la télévision. Avec elle, c'est toutes les saveurs d'un terroir qu'elle aime tant. Qu'elles dépècent une anguille ou qu'elles fourrent un dindon, Maïté et sa fidèle assistante Micheline sont sans fard. Franc-parler et nourriture grasse sont les 2 ingrédients de *La Cuisine des Mousquetaires*.

Patriiiiiiickkk !
À ses débuts, la 'Bruelmania' embrase la scène musicale et cinématographique française, et propulse Patrick Bruel au sommet de la célébrité. L'engouement pour cet artiste complet, à la voix envoûtante et au charisme indéniable, déferle dans les années 80 et 90. Porté par des tubes comme *Casser la voix* ou *Place des grands hommes* mais aussi par des rôles marquants au cinéma, Bruel devient une icône. La Bruelmania se manifeste à travers une fanbase dévouée, des concerts à guichets fermés, et une omniprésence médiatique.

Mo mo motus
25 juin 1990. Un des plus célèbres jeux de lettre de la télévision française fait son apparition. Animé par Thierry Beccaro, qui restera à l'antenne pendant près de 30 ans, l'émission consiste à retrouver un mot, dans un savant mélange de Mastermind et Scrabble. Le principe est simple : deviner un mot mystère à cinq lettres en proposant des mots successifs. Le jeu évoluera au fil des années, avec notamment l'apparition de la mythique 'boule noire'.

Star Club
Un magazine qui raconte la vie des stars vu par les Fans, c'est cela *Star Club*. Tous les mois, les adolescent(e)s découvrent les actualités de leurs célébrités préférées à travers des photos, interviews et autres scoops. Pas une cour de récréation n'échappera au phénomène de mode et aux échanges de posters détachables des stars du moment.

Vidéo Gag
8 juillet 1990
L'émission est présentée par Bernard Montiel et Alexandre Delperier. Le concept est simple : présenter un florilège de vidéos amateurs drôles et cocasses.

Les Nuls
13 octobre 1990. Durant 2 ans, les fans des Nuls vont se régaler. Tous les samedi soirs sur Canal+, un invité vient interpréter un sketch avec les 4 humoristes, dans un esprit très libre et décalé. On se souviendra du passage de Valérie Lemercier avec un Alain Chabat singeant Jacques Martin dans un remake de *L'école des fans*.

Dragon Ball Z
24 décembre 1990. La série d'animation japonaise est diffusée pour la première fois en France dans l'émission *Club Dorothée.*
Le héros du manga Son Goku, spécialiste des arts martiaux, devra affronter bon nombre de méchants aux noms de Freezer, Boo, ou Cell.

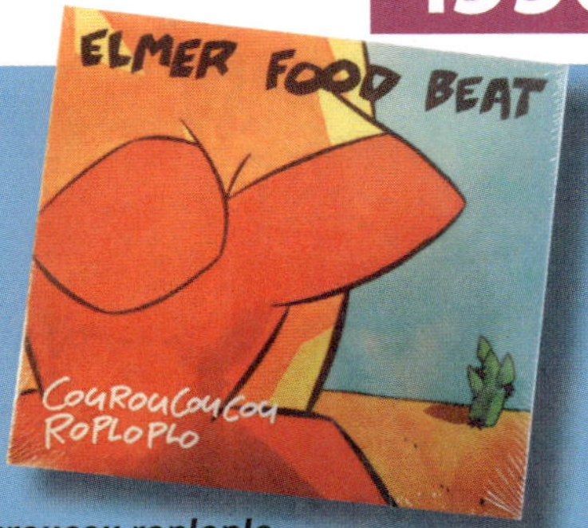

Couroucou roploplo
22 décembre 1990. Elmer Food Beat fait rire et danser la France. Le groupe nantais propose un rock accrocheur couplé à des paroles humoristiques. Leur premier album, *30 cm*, contient des classiques comme *Daniela, La caissière de chez Leclerc* et *Le plastique, c'est fantastique*. Les nouveaux héros folkloriques écoulent plus de 650 000 disques. Moment marquant : le 22 décembre, ils interprètent la chanson *Couroucou roploplo* en direct à la télévision pour fêter les 18 ans de Vanessa Paradis qui les acoompagne aux maracas pour l'occasion.

MUSIQUE

Saga Africa
Yannick Noah est une légende vivante du tennis. Sa victoire à Roland Garros en 1983 a donné un élan considérable à ce sport. Pas moins de 4 000 nouveaux clubs sont créés entre 1983 et 1985. Le nombre de membres atteint le chiffre improbable d'un million. Après sa retraite sportive, Noah se consacre à partir de 1990 à son autre grande passion : la musique. Et là aussi, il se révèle gagnant. Son premier *Saga Africa* est un succès immédiat. Peut-être en partie grâce au fait qu'en 1991, en tant que capitaine de l'Equipe de France, il remporte la Coupe Davis pour la première fois depuis 1932.

VOUS SOUVENEZ-VOUS ?

Baskets Michael Jordan

Fredericks Goldman Jones
Jean-Jacques Goldman entame une nouvelle phase de sa carrière. Il crée un trio avec 2 personnes qu'il côtoie depuis des années: le guitariste Michael Jones et la chanteuse américaine Carole Fredericks. Le nom vient de leurs patronymes : Fredericks Goldman Jones. C'est aussi le titre de leur premier album, qui devient la deuxième plus grosse vente de la carrière de Goldman. En 1996, les 3 se séparent à l'amiable. Ils continueront cependant à travailler ensemble.

Phil Collins
Issu de l'album *...But seriously*, la chanson *Another Day in Paradise* fait un carton. Mais d'autres chansons se distinguent également dans cet album comme : *I wish it would rain down*, avec Eric Clapton à la guitare, ou encore *Something happened on the way to heaven*. Phil Collins, le batteur du groupe Genesis, prouve sa capacité à évoluer en solo !

MES 18 PREMIÈRES ANNÉES
TOP 10 1990

1. **Patrick Bruel** *Alors regarde*
2. **Phil Collins** *Another Day In Paradise*
3. **François Feldman** *Les valses de Vienne*
4. **Fredericks Goldman Jones** *Nuit*
5. **Elmer Food Beat** *Daniela*
6. **Mecano** *Une femme avec une femme*
7. **Yannick Noah** *Saga Africa*
8. **Sinéad O'Connor** *Nothing Compares 2 U*
9. **Vanilla Ice** *Ice Ice Baby*
10. **Zouk Machine** *Maldòn (la musique dans la peau)*

Open | **Search** | **Scan**

François Feldman
Les Valses de Vienne lance définitivement la carrière de François Feldman. A 19 ans, il sort son premier disque 45 tours, avec le titre *Comme une petite fille*, écrit et composé par lui-même. Il commence véritablement à sa faire connaitre en 1986 avec le 45 tours *Rien que pour toi*. Son troisième album *Magic'BoulVard* sorti en 1991 sera son dernier grand succès. On le reverra ensuite dans les tournées Stars 80.

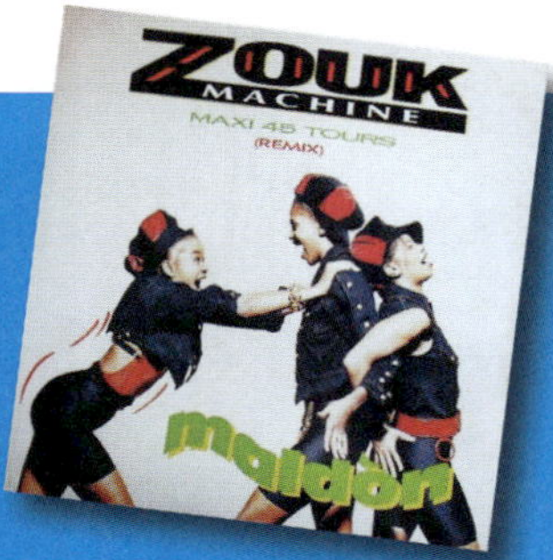

Zouk Machine
Avec la chanson *Maldòn* - la musique dans la peau -, le groupe Zouk Machine, un trio féminin de zouk, originaire de Guadeloupe crève l'écran et les juke-boxes. On y retrouve Joëlle Ursull, qui partira rapidement pour une carrière solo. Zouk Machine signera d'autres succès comme *Sa ké cho* jusqu'en 1995, année où le groupe se séparera.

SPORT

Les larmes de Bari
29 mai 1991. Après avoir éliminé le Bayern Munich en demi-finale de la Coupe des clubs champions l'Olympique de Marseille arrive en ultra favori à Bari pour sa première finale dans la compétition face à l'Etoile Rouge de Belgrade. Emmenée par le duo d'attaque légendaire Waddle/Papin, les coéquipiers de Basile Boli vont se heurter à un mur. Un match qui finit sur le triste score de 0 à 0. Lors de la séance de pénaltys, Amoros échoue au premier tir.

Indurain démarre son règne
19 juillet 1991. Coleader de la formation Banesto avec Pedro Delgado, Miguel Indurain se fait un nom. Dans le col du Tourmalet, Indurain franchit le sommet en tête, avec Claudio Chiappucci, double meilleur grimpeur cette année. Le début de la gloire pour Indurain qui remporte le premier de ses 5 trophées sur le Tour.

Traineau sur le toit du monde
25 juillet 1991. Le judoka français, Stéphane Traineau, devient champion du monde des mi-lourds au championnat du monde de judo à Barcelone en battant en finale le polonais Pawel Nastula.

Traversée du Pacifique à la rame
21 novembre 1991. Dans l'état de Washington aux Etats-Unis, c'est l'ébullition ce matin. Gérard d'Aboville réussit son plus grand exploit, celui de traverser l'océan Pacifique à la rame et en solitaire. Parti de Choshi au Japon le 10 juillet, il atteint la côte américaine plus de 4 mois plus tard. A bord de son canot insubmersible, il a bravé tempêtes et coups de tabac.

Coupe Davis pour la France
1er décembre 1991. Face à la Dream Team Américaine, composée d'André Agassi et de Pete Sampras, personne ne donnait cher de la peau de l'équipe de France. Emmenés par le capitaine Noah, nos valeureux tricolores remportent la coupe Davis pour la première fois de leur histoire. En finale, lors du 4ème match, Forget l'emporte contre Sampras au bout d'un match au sommet. L'ultime plongeon de Sampras pour sauver la balle de match n'y fera rien.

Saut en longueur
Mike Powell bat Carl Lewis au championnat du monde d'athlétisme à Tokyo. Il saute 8,95 m, soit 4 cm de plus que Lewis et 5 cm de plus que l'ancien record mondial détenu par Bob Beamon (1968).

16 JAN 1991
L'opération Tempête du Désert commence. L'Irak, qui occupe le Koweït, est chassé du pays.

6 FEV 1991
L'Anglais Tim Berners-Lee et le Belge Robert Cailliau lancent le World Wide Web (WWW).

3 MAR 1991
Rodney King, un noir battu par des policiers blancs, devient le symbole des exactions de la police à Los Angeles.

1991

ACTUALITES

(Vigi)pirate

2 janvier 1991. « Protection des installations contre les risques d'attentats terroristes à l'explosif ». C'est sous l'acronyme PIRATE que l'action de protection contre les attentats voit sa première application. La France passe en phase d'alerte relevé au début des frappes aériennes de l'opération Tempête du désert au côté des Etats-Unis.

Contribution sociale

La Contribution Sociale Généralisée (CSG) est introduite en France en 1991. Conçue comme un moyen de diversifier les sources de financement de la protection sociale, la CSG s'applique à un large éventail de revenus, y compris les salaires, les pensions, les revenus fonciers et les revenus de placement. Il s'agit de la plus grande réforme du financement de la sécurité sociale.

Affaire du sang contaminé

25 avril 1991. Le Centre National de Transfusion Sanguine (CNTS) a distribué, de 1984 à 1985, des produits sanguins contaminés par le sida, à près de 2 000 hémophiles. Les réserves de sang du pays sont potentiellement contaminées. Le CNTS et le gouvernement ont autorisé l'utilisation de stocks non contrôlés ou non traités. Plusieurs médecins et ministres seront mis en examen.

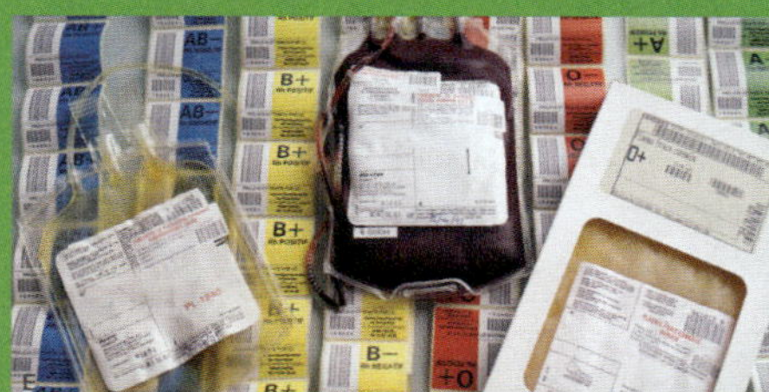

Interdit de fumer

10 janvier 1991. Claude Evin, ministre des Affaires sociales et de la Santé, souhaite agir pour contrer ce fléau de santé publique. Véritable pivot dans la lutte contre l'addiction à la cigarette et l'alcool, la loi prévoit plusieurs mesures, notamment l'interdiction de publicité en faveur du tabac et de l'alcool, l'interdiction de fumer dans les lieux collectifs ainsi que l'interdiction de vente de tabac aux mineurs.

19 AVR 1991

Le boxeur Evan Holyfield bat George Foreman au championnat du monde des poids lourds.

21 MAI 1991

L'ancien Premier ministre indien Rajiv Gandhi (46 ans) meurt suite à un attentat à la bombe.

10 JUN 1991

Berlin devient la capitale de l'Allemagne unifiée.

« Omar m'a tuer »
23 juin 1991. Ghislaine Marchal, riche veuve vivant à Mougins dans les Alpes Maritimes, est retrouvée morte. Sur la scène du crime, on retrouve l'écriture en lettres de sang « Omar m'a tuer ». Omar Raddad, le jardinier de la famille, est inculpé en 1994 et acquitté en 1998.

VOUS SOUVENEZ-VOUS ?

Caméra video VHS

Le trou normand
Cette pratique a pour origine la durée longue des repas de fête qui comptaient plusieurs plats de viande successifs. Depuis les années 1990, on voit servir après la viande une boule de sorbet à la pomme, souvent sans calvados.
Le café-calva est également en perte de vitesse. Dans les années 1970, on disait encore un 'café nature' pour désigner un café sans calvados.

Cardin sur la Place Rouge
Pierre Cardin va réussir un tour de force incroyable. Sur la Place Rouge à Moscou, devant un podium rempli de généraux et de membres de la nomenklatura, les mannequins recrutés sur place vont défiler sous les yeux ébahis de près de 200 000 Moscovites. Dans un pays où la moindre robe de Pierre Cardin se vend à 3 fois le salaire moyen, c'est une véritable révolution en couleurs !

Catastrophe ferroviaire à Melun
17 octobre 1991. Au petit matin, un accident rarissime crée l'émotion à Melun. A 6h30, le train couchettes Nice-Paris entre en gare et percute de plein fouet un train de marchandises. Le choc est tel que la première voiture du train de voyageurs est catapultée, entrainant avec elle ses 48 voyageurs de nuit, à peine réveillés. Le bilan est effroyable : 16 morts et 55 blessés. L'enquête conclura à une défaillance humaine.

19 JUL 1991
Début de la guerre entre Croates et Serbes en Yougoslavie.

19 AOÛ 1991
Tentative râtée de putsch communiste en URSS voulant réimposer un contrôle communiste centralisé.

17 SEP 1991
L'ONU passe à 186 membres avec l'admission des 2 Corées et des 3 états baltes.

1991

POLITIQUE

Le bruit et l'odeur
Jacques Chirac, maire de Paris, crée la polémique à Lens. Lors d'un discours sur l'immigration qui restera accroché à lui comme le sparadrap du capitaine Haddock, il déclare : « si vous ajoutez à cela, le bruit et l'odeur, le travailleur français il devient fou ». Assimilant ainsi les étrangers à la cuisine et aux familles nombreuses, il suscite l'indignation générale.

La première ministre

15 mai 1991. Edith Cresson s'installe comme la première femme première ministre.
A la veille du débat sur le traité de Maastricht, elle inscrit son action dans une optique écologique, mettant au cœur de ses priorités le respect de l'environnement. Edith Cresson crée également un grand ministère en charge de toutes les composantes économiques pour lutter contre le chômage. Malgré tout, son mandat reste marqué par un sexisme violent.

ACTUALITES INTERNATIONALES

La Yougoslavie n'est plus
La Slovénie obtient son indépendance. La situation s'aggrave lorsque la Croatie, soutenue par l'Allemagne en fait de même. Les Serbes n'acceptent pas cet état de choses, ce sera le début d'une guerre civile, qui fera aussi rage en Bosnie et Herzégovine.

Les accords START
Le président américain George Bush et le leader russe Mikhaïl Gorbatchev signent l'accord historique Strategic Arms Reduction Treaty (START). Il prévoit non seulement une limitation du nombre de têtes nucléaires et bombes détenues par les 2 puissances mais aussi la réduction de 80% de leur arsenal nucléaire dans un avenir proche.

L'éruption du Pinatubo
14 juin 1991. Le volcan Pinatubo aux Philippines se réveille après 500 ans de sommeil. Les différentes éruptions vont générer des conséquences au niveau planétaire avec 10 km3 de poussières éjectées dans le ciel et un panache initial de 20 km de haut. L'éruption coûte la vie à environ 300 personnes.

4 OCT 1991
Accord sur le protocole de Madrid sur la protection de l'environnement en Antarctique.

19-20 NOV 1991
Le quatrième Sommet de la Francophonie a lieu à Paris. Les chefs d'Etat de plus de 50 pays sont présents.

14 DÉC 1991
En Sicile, l'éruption du volcan Etna qui va durer 18 mois, commence.

Ötzi
Deux touristes allemands découvrent une sorte de momie, alors qu'ils font une randonnée à plus de 3 000 mètres d'altitude, sur la frontière séparant l'Autriche de l'Italie, dans les montagnes dominant l'Ötztal. Baptisée ensuite 'Ötzi', il apparaît que la momie de l'homme préhistorique a plus de 5 000 ans et vivait à l'Age de pierre.

Ce magnum ne tire pas
Il pèse 86 grammes de crème glacée vanille, est enrobé d'une couche de chocolat au lait et fiché sur un bâtonnet de bois. Ce chocolat glacé venu du Danemark excite toutes les papilles. De nombreuses versions suivront : au chocolat blanc, ou encore entouré de chocolat aux éclats d'amandes.

Voici le GSM
1er juillet 1991. Un ancien premier ministre finlandais, Harri Holkeri, est le premier à tenir une communication téléphonique via un réseau commercial assuré par Telenokia et Siemens. Le GSM générera une véritable explosion mondiale de la téléphonie mobile. A la fin du précédent millénaire, plus de 500 millions de personnes de par le monde détiennent déjà un téléphone mobile.

Des relents d'Union Soviétique
19 août 1991. Plusieurs pontes communistes tentent un coup d'état à Moscou. Le président Gorbatchev est assigné à résidence. C'est l'occasion pour le futur président de la république constituante de Russie, Boris Eltsine, de prendre fait et cause pour Gorbatchev. Juché sur un char stationné devant le parlement moscovite, il s'adresse à la population et s'attire l'adhésion de l'armée. Quant aux auteurs du coup d'état, ils se retrouvent derrière les barreaux. Les jours de l'Union Soviétique sont comptés. A Noël, Gorbatchev se résigne à quitter le pouvoir. Boris Eltsine devient président de la fédération russe.

Opération Tempête du désert
15 janvier 1991. Le dictateur irakien Saddam Hussein ne réagit pas à l'ultimatum fixé par la coalition internationale qui lui a enjoint de quitter le Koweït le 15 janvier. Sous la menée des Etats-Unis, la coalition engage le 16 janvier la plus grande offensive aérienne jamais menée. La coalition parvient à neutraliser les installations radar et bombarde l'armée ennemie. Hussein essaie de s'attirer les sympathies des autres pays arabes en lançant des missiles Scud sur Israël. L'issue du combat ne fait guère de doute : la coalition maîtrise l'espace aérien et vient à bout tant de l'aviation irakienne que de sa marine. 7 semaines de bombardements empêchent toute nouvelle velléité irakienne. Le 27 février, les troupes françaises de la coalition investissent Koweït City. Dans la soirée, l'Irak se rend et accepte de respecter les résolutions de l'ONU l'obligeant à se retirer du Koweït.

DIVERTISSEMENT

Alerte à Malibu

On garde tous en tête Pamela Anderson courant en maillot de bain rouge au ralenti sur la plage de Malibu. Menée par Mitch Buchannon, la brigade de sauvetage de Los Angeles a fort à faire, entre secourir les plagistes inconscients des dangers de l'eau, stopper des trafics de drogue ou gérer ses problèmes sentimentaux. Un soap opéra d'un nouveau genre, remet sur le devant de la scène David Hasselhoff, 5 ans après *K2000*.

E=M6

10 février 1991. La paire de lunettes la plus reconnaissable du PAF fait émerger une nouvelle émission de vulgarisation scientifique sur la chaîne qui monte : M6. Au programme, Mac Lesggy, de son vrai nom Olivier Lesgourgues, décrypte les petites et grandes technologies et techniques scientifiques qui nous entourent.

Twin Peaks

15 avril 1991. Cette série reste marquante par son atmosphère mystérieuse autour d'une enquête menée par l'agent du FBI Dale Cooper joué par Kyle MacLachlan sur le meurtre d'une jeune lycéenne Laura Palmer connue et aimée de tous. Tout se déroule dans la ville imaginaire de Twin Peaks. La musique composée par Angelo Badalamenti est aussi pour beaucoup dans le succès de cette série avec ses notes de basse Fender synthétisées.

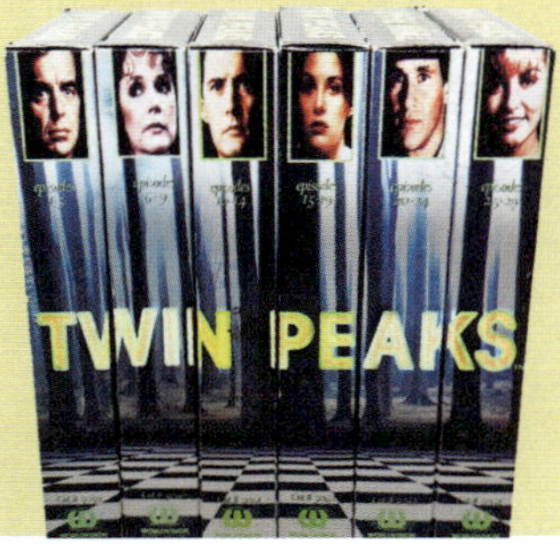

Le Prince de Bel-Air

L'apparition de Will Smith et de son cousin Carlton marque une génération. Entre le 'badboy' et le premier de la classe, l'alchimie s'opère dans cette grande maison bourgeoise de Bel Air. Grâce à sa combinaison unique de charme et d'humour, la série a servi la cause de la lutte des classes dans l'Amérique afro des années 90. On y découvre Will Smith, jeune trublion envoyé chez son oncle bourgeois qui doit lui inculquer les bonnes manières.

Evelyne Dhéliat
30 août 1991. Remplaçante d'Anne-Marie Peysson, Evelyne Dhéliat démarre son travail de speakerine en 1969. Un poste qu'elle tient jusqu'en 1992. Elle anime ou co-anime *La maison TF1*, *A la bonne heure* et *C'est bon à savoir*. Le 30 août 1991, elle commence à présenter les bulletins météo de TF1.

Papa, c'est quoi cette bouteille de lait ?
Les produits laitiers attaquent fort pour leur promotion. La publicité qui met en scène un enfant et son papa au petit déjeuner connaît un succès phénoménal. Visant à faire la promotion de la nouvelle bouteille de lait UHT de Lactel, pour une meilleure conservation, l'impact résonne encore dans notre esprit. « Papa, comment on fait les bébés ? »

Gratter pour gagner
30 septembre 1991. Millionnaire, un des plus célèbres jeux de grattage apparaît dans les bureaux de tabac en France et à la télévision. Un principe double avec une chance au grattage, mais surtout la possibilité d'aller sur le plateau de Philippe Risoli sur TF1 pour tourner la roue du millionnaire, et tenter de remporter le million de francs. L'année d'après, 80 millions de tickets sont vendus par semaine.

La dernière scène de Montand
9 novembre 1991. Un monument français est mort. Ce grand homme et artiste a marqué son époque et la France plus largement que par ses rôles et chansons. De ses amours avec Piaf et Signoret, de César et Rosalie ou encore des *Feuilles mortes*, il a accompagné la France de l'après-guerre dans son renouveau. Compagnon de route du communisme, Yves Montand était une grande gueule au grand coeur, comme les Français les adorent. L'homme qui n'a jamais su s'arrêter voit pourtant le bout de sa route.

Pyramide
Patrice Laffont et Marie Ange Nardi créent plus qu'une simple émission de télévision avec *Pyramide*. Avec un concept simple et innovant, l'émission fait s'affronter 2 équipes qui doivent deviner des mots de la langue française avec le moins d'essai possible. Avec parfois des associations étranges, le jeu mélange savamment réflexion et situation cocasse.

Les aventures de Tintin
2 octobre 1991. Les aventures du célèbre reporter dessiné par Hergé sont transposées en une série de films d'animation, réalisée au Canada. *Les aventures de Tintin* comptent 39 épisodes, répartis en 3 saisons et sont diffusées à la télévision pour la première fois du 2 octobre 1991 au 24 novembre 1992.

1991

Le silence des agneaux

Couronné par 5 Oscars, *The Silence of the Lambs* est probablement le film à succès de l'année. Il met en scène la jeune stagiaire du FBI Clarice Starling (Jodie Foster), qui fait appel à un tueur aux instincts cannibales et manipulateurs, Hannibal Lecter (Anthony Hopkins), afin de pouvoir arrêter un autre tueur en série, le psychopate Buffalo Bill. S'en suit une traque parsemée d'épisodes sanglants.

Le requiem de Gainsbarre

1er mars 1991. Serge Gainsbourg invente en 1968 une chanson pour le film *Le pacha. Requiem pour un con* devient très populaire parmi les DJ au début des années 1990. Le remix est envoyé à toutes les stations de radio. Un jour plus tard, Gainsbourg succombe à une crise cardiaque. Ainsi *Requiem pour un con* devient un tube posthume.

MUSIQUE

Auteuil Neuilly Passy

Les Inconnus sont déjà célèbres pour leurs parodies et sketch depuis quelques années lorsqu'ils sortent le tube *Auteuil Neuilly Passy.* Parodiant les rappeurs en inscrivant leur chanson dans les beaux quartiers parisiens, la chanson suscite le rire en se moquant des « problèmes des gosses de riches ». « Auteuil Neuilly Passy, tel est notre ghetto ! »

VOUS SOUVENEZ-VOUS ?

Raider (Twix)

Tears in Heaven

20 mars 1991. Conor Clapton (4 ans), le fils du guitariste légendaire Eric Clapton, tombe d'une fenêtre au 53ème étage d'un immeuble à New York. Le père chante son désespoir dans le morceau *Tears in Heaven (Larmes du ciel).*

Quand le rideau tombe
24 novembre 1991. Fin de vie brutale du flamboyant chanteur du groupe Queen : Freddie Mercury décède, victime du sida. Il a tenu sa maladie secrète jusqu'au dernier moment. Ce n'est qu'un jour avant son décès qu'il révèle qu'il est atteint d'une maladie incurable. Le chanteur des inoubliables succès comme *Bohemian Rhapsody, Don't Stop Me Now* ou *We Will Rock You* n'a que 45 ans mais sa voix impressionnante continue à résonner dans le monde entier.

Drame chez Polydor
Jean-François Pigaglio, réceptionniste à la maison de disque Polydor, est assassiné par un fan de Mylène Farmer sur son lieu de travail. Armé d'un fusil, le fanatique aurait ouvert le feu après le refus du réceptionniste de lui donner l'adresse de la star française.

Le hip-hop de chez nous
L'an 0 du hip-hop français. MC Solaar s'impose comme le petit prince du rap avec l'album *Qui sème le vent récolte le tempo.* Ce disque contient *Bouge de là,* considéré comme le premier grand tube du hip-hop français. Solaar jongle avec les mots comme seul Serge Gainsbourg semblait pouvoir le faire avant lui et les colle sur les sonorités du rap américain. Dans le même temps, à Marseille, IAM place la barre haut avec ... *De la Planète Mars.* Dès le premier album, ils parviennent à séduire un large public.

Gros succès, petite polémique
La Zoubida, interprétée par Vincent Lagaf sort en 1991 et reste 11 semaines à la première place du TOP 50 en France. Certifiée disque de platine avec 625 000 ventes, la chanson est très largement critiquée quelques années plus tard pour ses stéréotypes racistes envers la communauté maghrébine.

Fredericks Goldman Jones
Le trio est composé par le chanteur Jean-Jacques Goldman, Carole Fredericks et Michael Jones, ces derniers ayant été auparavant sa choriste et son guitariste. Le trio arrête de se produire ensemble vers 1996, les 3 membres reprenant alors leurs carrières de leur côté. Parmi leurs chansons les plus connues, on peut citer *À nos actes manqués, Né en 17 à Leidenstadt, Juste après, Nuit*, ou encore *Un, deux, trois.*

François Feldman
L' album *Magic' Boul'vard* confirme le succès de François Feldman avec les tubes *Le serpent qui danse* en hommage à Baudelaire et Gainsbourg, *Magic' Boul'vard, Tombé d'amour* et surtout *Joy* dédié à sa fille. Feldman devient alors le premier chanteur qui occupe la première place du Top 50 avec 3 singles.

MES 18 PREMIÈRES ANNÉES
TOP 10 1991

1. **Bryan Adams** *(Everything I Do) I Do It For You*
2. **Patrick Bruel** *Qui a le droit…*
3. **Stephan Eicher** *Déjeuner en paix*
4. **Mylène Farmer** *Désenchantée*
5. **François Feldman** *Petit Frank*
6. **Thierry Hazard** *Poupée psychédélique*
7. **MC Solaar** *Bouge de là*
8. **Nirvana** *Smells Like Teen Spirit*
9. **R.E.M.** *Losing My Religion*
10. **Seal** *Crazy*

Open | Search | Scan

W

Nevermind
3 albums contribuent à l'essor du style 'grunge' : *Badmotorfinger* de Soundgarden, *Ten* de Pearl Jam et *Nevermind* de Nirvana. Deuxième album de Nirvana, *Nevermind* fait l'effet d'une bombe. Le premier simple *Smells Like Teen Spirit*, évoque le nom d'un déodorant pour femmes. Si personne ne comprend vraiment ce que signifient les paroles particulièrement sombres et poétiques du chanteur Kurt Cobain, la douleur qu'il hurle littéralement paraît évidente. Nirvana représente un véritable coup de poing à l'égard d'une certaine indifférence qui caractérise les années 1990. Plus de 30 millions d'exemplaires de *Nevermind*, revêtus de l'image d'un bébé nageur, seront vendus.

Naissance du rap français
C'est en 1991 que sortent les trois premiers albums marquants du rap français : le groupe de Seine Saint Denis NTM sort *Authentik*, les marseillais d'IAM (photo) sortent *De la planète Mars* et MC Solaar sort *Qui sème le vent récolte le tempo.*

X

Polyphonie corse
Sous le nom Les Nouvelles Polyphonies Corses, Patrizia Gattaceca et Patrizia Poli jettent un pont entre le folklore corse et la musique d'aujourd'hui. Leur premier album éponyme réunit Manu Dibango au saxophone, Ivo Papasov à la clarinette, Shaymal Maltra au tabla et Ryuichi Sakamoto au piano. C'est un choix délibéré. « Il est important de chanter en polyphonie ce que nous sentons que nous sommes aujourd'hui ».

SPORT

Albertville mène le jeu
8 février 1992. Après Chamonix et Grenoble, c'est au tour d'Albertville (Savoie) d'accueillir les Jeux Olympiques d'hiver. Le spectacle grandiose lors de la cérémonie d'ouverture orchestré par le chorégraphe Philippe Decouflé donne le ton de ces jeux particulièrement réussis. Edgar Grospiron remporte l'or en ski acrobatique et inscrit son nom au panthéon du ski Français.

Dynamite Danoise
26 juin 1992. Incroyable scénario pour le Danemark lors de cet Euro 1992 chez leurs voisins Suédois. Les Danois s'imposent en finale contre l'armada allemande, ultra favorite. Ce sera la seule victoire danoise en tournoi majeure.

VOUS SOUVENEZ-VOUS ?

Bipeur

Courier - Edberg
10 février 1992. Jim Courier remplace Stefan Edberg en tête du classement mondial après 22 semaines, mais 6 semaines plus tard le Suédois remplace de nouveau l'Américain.

Catastrophe à Furiani
5 mai 1992. L'Olympique de Marseille se déplace à Bastia pour une demi-finale de Coupe de France qui crée l'événement sur l'île. Pour l'occasion, les dirigeants corses ont élevé une nouvelle tribune de 10 000 places, sans que la commission de sécurité n'ait validé l'installation plus que précaire. A quelques minutes du coup d'envoi, c'est le drame. Le haut de la tribune s'effondre. Près de 2 500 personnes seront blessées et 19 périssent, dans ce qui reste le plus grand drame du sport français.

11 JAN 1992
Les militaires prennent le pouvoir en Algérie, le début de la 'décennie noire'.

17 FEV 1992
L'opération 'Mains propres' débute en Italie avec l'arrestation du politicien milanais, Mario Chiesa.

4 MAR 1992
Dissolution du mouvement terroriste Front Islamique du Salut (FIS) en Algérie.

1992

Barcelone olympique
25 juillet - 9 août 1992. Barcelone est en ébullition. La ville est en pleine expansion et accueillir les JO met un coup de projecteur sur la cité de Gaudi. Côté sportif, Carl Lewis remporte l'or pour la 3ème édition consécutive en longueur, Sotomayer fait parler de lui avec l'or en hauteur. Côté Français, c'est Marie-José Pérec qui s'illustre brillamment sur le 400m pour sa première participation.

Bugno à Benidorm
6 septembre 1992. A Benidorm, en Espagne, l'Italien Gianni Bugno s'empare du maillot de champion du monde de cyclisme sur route, renouvelant ainsi un titre déjà acquis en 1991. Le Français Laurent Jalabert et le Russe Dmitri Konyshev complètent le podium.

ACTUALITES

La Dreamteam
8 août 1992. Aux Jeux Olympiques de Barcelone, les regards se portent notamment sur la compétition de basket-ball, qui admet pour la première fois de son histoire des joueurs professionnels. C'est l'occasion pour les Etats-Unis d'affirmer leur suprématie, avec sa fameuse Dreamteam, qui rassemble des stars comme Michael Jordan, Scottie Pippen, Larry Bird, Magic Johnson et Karl Malone. Les vedettes ne perdent aucun match et remportent haut la main le tournoi olympique.

Mickey a son parc
12 avril 1992. Ca y est, Mickey a officiellement son parc d'attraction en ce matin de printemps 1992. Fruit d'une collaboration et d'une convention entre le gouvernement français - avec un large financement du projet - et Disney, ce projet pharaonique devient une des vitrines touristiques de l'île-de-France, et ne cessera de se développer.

6 AVR 1992
Début de la guerre de Bosnie-Herzégovine.

6 MAI 1992
Le décès de la diva du cinéma allemand, Marlène Dietrich (90 ans).

21 JUN 1992
Peugeot gagne les 24 Heures du Mans avec l'équipage Damas, Warwick et Blundell.

Explosion à La Mède
9 novembre 1992. 6 morts et 38 blessés : tel est le terrible bilan en fin de journée de la série d'explosions qui a ravagé en ce matin du 9 novembre la raffinerie Total de La Mède, à 30 kilomètres de Marseille, au bord de l'étang de Berre. Plus de 150 pompiers seront nécessaires pour maîtriser l'incendie, et endiguer le risque de propagation redouté par tous. La mise en cause d'une corrosion sur une canalisation sera avérée lors de l'enquête.

VOUS SOUVENEZ-VOUS ?

Baby foot

Les derniers billets en francs
L'artiste Roger Pfund crée la dernière série de billets en francs français. Saint-Exupéry, Paul Cézanne, Gustave Eiffel et Pierre et Marie Curie sont à l'honneur.

12 points pour le permis
1er juillet 1992. Le gouvernement met en place le permis à points, même pour ceux l'ayant obtenu avant cette date, bien évidemment. Prévu à 6 points mais relevé à 12 face au blocage du pays par les chauffeurs routiers, le permis est depuis ce jour passable d'annulation en cas de défauts de points.

Le téléphone mobile est né
1er juillet 1992. C'est le grand début de la téléphonie mobile en France. France Telecom lance sa branche Itinéris et sera pionnier.

Inondations à Vaison
22 septembre 1992. Des pluies diluviennes s'abattent sur la région. Ce jour-là, l'Ouvèze, rivière locale qui traverse le département, est en crue. Elle sort de son lit et provoque une vague de 17 mètres de hauteur qui balaye tout sur son passage, maisons, caravanes et autres voitures. Le bilan est lourd : 37 morts. Les inondations dévastatrices de Vaison-la-Romaine resteront parmi les plus meurtrières de l'histoire récente de la France.

19 JUL 1992
Assassinat par la Mafia (Cosa Nostra) du juge Paolo Borselino en Sicile.

2 AOÛ 1992
Le décès du pianiste, compositeur et interprète Michel Berger près de son épouse, France Gall.

7 SEP 1992
Naissance de France Télévision. Antenne 2 devient France 2 et FR3 devient France 3.

1992

POLITIQUE

Bérégovoy premier ministre
Après un intérim compliqué d'Edith Cresson, c'est Pierre Bérégovoy qui a comme mission de redresser la France. Alors que la France frôle les 10% de chômage et la barre symbolique des 3 millions de chômeurs, il y a fort à faire en ce milieu de second septennat de François Mitterrand.

Traité de Maastricht
Le Traité de Maastricht transforme la Communauté Economique Européenne (CEE) en Communauté Européenne (CE). Il institue trois 'piliers', chapeautés par l'Union Européenne : la Communauté Européenne aux compétences élargies, la coopération en matière de politique étrangère et sécurité commune et la coopération en matière de justice et d'affaires intérieures. Le parlement européen dispose dorénavant de davantage de pouvoir législatif et de contrôle. La notion de 'citoyenneté européenne' est aussi créée.

ACTUALITES INTERNATIONALES

Windows
18 mars 1992. Windows 3.0 et 3.1 sont les systèmes d'exploitation les plus utilisés pour les PC. Ils sont surtout popularisés par la suite bureautique Microsoft Office, au sein de laquelle le très populaire programme de traitement de texte Microsoft Word est regroupé avec Microsoft Excel, Microsoft PowerPoint et Microsoft Mail.

Exposition universelle à Séville
12 octobre 1992. Près de 42 millions de personnes visitent l'exposition universelle de Séville, en Espagne.

Les casques bleus
Sous la direction du Secrétaire général de l'ONU, l'Egyptien Boutros Boutros Ghali, les casques bleus effectuent de nombreuses missions qui en font de véritables 'policiers' dans le monde entier. La force de paix de l'ONU est présente au sein des conflits qui agitent Israël, l'Inde, le Liban, l'Angola et l'Irak. Elle entame des opérations en Somalie, au Mozambique, au Cambodge et en Bosnie.

23 OCT 1992
Le docteur Garretta, ex-directeur du CNTS est condamné dans l'affaire du sang contaminé par le sida.

3 NOV 1992
Election de Bill Clinton comme président des Etats-Unis.

24 DÉC 1992
Le décès du dessinateur et scénariste de BD belge, Peyo (64 ans), le père des *Schtroumpf*.

Guerre en Bosnie
5 avril 1992. Dans le sillage de la Slovénie et de la Croatie, la Bosnie-Herzégovine déclare son indépendance. La minorité serbe proclame sa propre République Serbe. Sous la conduite de son 'président' Karadžić et du général Mladić et avec l'appui de l'armée yougoslave, une opération d'épuration ethnique est menée. Les Serbes de Bosnie installent des camps destinés à éliminer les populations non-serbes : Croates et habitants de culture musulmane. En août, les premières images tournées dans le camp d'Omarska suscitent l'émoi dans le monde entier.

Rome donne raison à Galilée
31 octobre 1992. 4 siècles après la condamnation de Galileo Galilei pour profanation de l'enseignement de l'église, le Pape Jean-Paul II reconnaît l'erreur de l'Eglise. Après 13 années d'enquête menée par le clergé romain, l'Eglise catholique reconnaît que la terre n'est pas le centre de l'univers, comme l'avait proclamé Galilée en affirmant que la terre tourne autour du soleil.

Clinton et Bush
3 novembre 1992. Après l'intervention américaine au Koweït, pendant la guerre du Golfe, le président américain George H.W. Bush (à droite sur la photo) atteint un sommet de popularité. Mais en 1992 la situation a bien changé : l'économie américaine ne tourne plus rond et Bush n'a pas respecté sa promesse de ne pas augmenter les impôts. Son adversaire, Bill Clinton (à gauche sur la photo), en profite et sa campagne est menée sous le slogan « It's the economy, stupid ! » Clinton remporte l'élection présidentielle avec une large avance et devient le 42e président des Etats-Unis.

Année noire pour Windsor
9 décembre 1992. Année catastrophique pour la famille royale britannique. Le Prince Andrew et la Princesse Anne se séparent au printemps. En juin, la Princesse Diana provoque une onde de choc via la publication de sa biographie *Her True Story*, dans laquelle elle évoque les tribulations de son couple et en novembre, un incendie ravage une partie du château de Windsor. Le 9 décembre signifie la fin du mariage de Charles et Diana et du conte de fées le plus célèbre du 20e siècle.

Premier SMS
3 décembre 1992. Un collaborateur de la firme Vodafone, Richard Jarvis, reçoit le premier message SMS jamais envoyé. Il lui souhaite « Joyeux Noël » et provient du programmeur Neil Papworth.

DIVERTISSEMENT

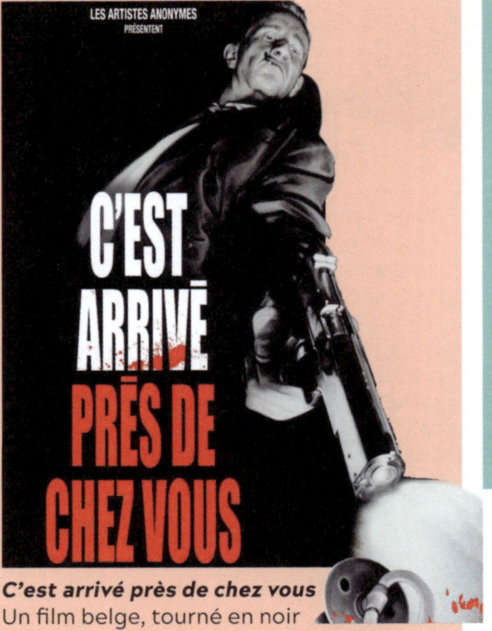

C'est arrivé près de chez vous

Un film belge, tourné en noir et blanc, fait parler de lui et devient bien vite culte. C'est une satire des médias, emmenée par l'acteur Benoît Poelvoorde dans le rôle principal. *C'est arrivé près de chez vous* met en scène un groupe de journalistes et reporters tournant un documentaire consacré au tueur en série Ben (Poelvoorde). Le reportage objectif glisse progressivement vers la mise en valeur de la violence gratuite de Ben. Un glissement qui donne bien vite au spectateur un sentiment de complicité.

Kennedy

Le film *JFK* provoque bien des remous. Il évoque en effet les théories du complot qui n'ont cessé d'entourer l'assassinat du président américain John Fitzgerald Kennedy. En effet, après avoir lu les livres de Jim Garrison et Jim Marrs, le réalisateur du film Oliver Stone est persuadé que l'attentat commis 30 ans auparavant est le résultat d'un complot. Kennedy n'aurait pas été tué par Lee Harvey Oswald mais par 3 tireurs au service de la CIA, du FBI et de la mafia, dans l'intention de commettre un coup d'état.

Aladdin

Dans un décor de ville orientale, un pauvre garçon des rues se voit offrir la chance de réaliser 3 de ses voeux. Ce qui se passe ensuite est raconté dans le spectaculaire film d'animation *Aladdin*, de Walt Disney.

Reservoir Dogs

Le film de Quentin Tarantino met en scène 6 truands et leur attaque ratée d'une bijouterie. Il se focalise notamment sur la recherche d'un traître au sein des malfaiteurs. Si le film ne rencontre initialement qu'un succès modéré, il acquiert assez vite le statut d'œuvre culte.

Julie Lescaut
9 janvier 1992. Une série d'une rare longévité qui s'arrêtera en 2014 après 22 saisons. La commissaire Julie Lescaut jouée par Véronique Genest évoluera au fil des années avec différents coéquipiers tout au long des différentes enquêtes. On suivra aussi l'évolution de ses deux filles dont Sarah.

La fin de La Cinq
12 avril 1992. Passée de main en main au fil des années : Berlusconi/Seydoux puis Robert Hersant et enfin Hachette, La Cinq (1986) n'aura pas su capter ni les télé-spectateurs ni les annonceurs.

Mystères
Des pommes qui volent dans la cuisine la nuit, des objets volants non identifiés aperçus, des expériences après la mort, voici la liste non exhaustive des phénomènes paranormaux que l'émission *Mystères* va aborder. Entre frissons et rigolades, les reportages sont ensuite détricotés par des experts scientifiques en plateau, pour tenter d'expliquer les étrangetés aperçues. Pionnier des reality show à la française, il ne restera malgré tout que 2 ans à l'antenne.

Parker Lewis ne perd jamais
11 mai 1992. Les aventures d'un trio de lycéens débarquent sur petit écran. Toujours vêtû de chemises excentriques et brushing impeccable, Parker Lewis et ses acolytes, Mikey le rebelle rock'n roll et Jerry l'intello élaborent des plans et mettent tout en oeuvre pour profiter de leurs années de lycée et échapper à l'autoritaire mademoiselle Musso, principale du lycée.

Arte
30 mai 1992. En direct de l'opéra de Strasbourg, la chaîne de télévision européenne Arte émet pour la première fois. Diffusée en France sur le canal numéro 7, avant de partager le cinquième canal avec la chaîne La Cinq, son lancement est controversé. Les acteurs de la télévision française y voient un concurrent au service public. Cette collaboration européenne, porteuse d'un message d'espoir et visant à rapprocher les cultures voisines pour une plus grande intégration des peuples d'Europe sera une réussite.

Basic Instinct
8 mai 1992. Voilà un film qui fait beaucoup parler de lui avec son héroïne, Catherine Tramell jouée par la brûlante Sharon Stone. Un thriller d'une grande intensité aux accents érotiques avec Michael Douglas dans le rôle de l'inspecteur en charge de l'enquête sur le meurtre d'un chanteur tué à coups de pic à glace. Face à la sensualité de la suspecte numéro 1, le pauvre homme va vite perdre la tête. A voir ou à revoir.

1992

Pour l'amour
Hélène et Nicolas, Lali et Sébastien, CriCri d'amour et sa belle Joanna, *Hélène et les Garçons* est un véritable raz-de-marée dès sa sortie en 1992. La série suit de jeunes adultes dans leur vie universitaire, entre peines de coeur et histoires à l'eau de rose. Les relations garçons filles sont détricotées et rendent les personnages attachants. Spin Off de *Premiers Baisers*, la série contribue à populariser les sitcoms en France et reste un souvenir nostalgique pour les fans.

Fini Antenne 2 et FR3
7 septembre 1992. C'est le début du regroupement sous une même présidence et de l'ère France Télévision avec France 2 et France 3.

Hugo Délire
7 septembre 1992. Jouer en direct à la télé avec sa propre télécommande et guider Hugo pour récuperer ses sacs d'or, c'est ce que Karen Cheryl propose tous les soirs de la semaine sur France 3. L'émission durera 2 ans et recevra jusque 40 000 appels par jour.

Coucou c'est nous
22 septembre 1992. Un générique d'un genre nouveau, des notes envoutantes, c'est parti pour la première de *Coucou c'est nous*. Auréolés du succès de *Ciel mon mardi*, Christophe Dechavanne et Patrice Carmouze présentent un nouveau genre à la télévision, le talkshow. Accompagné d'une bande de chroniqueurs qui deviendront célèbres, c'est le ton libre et la bonne humeur générale qui feront le succès de l'émission.

Titeuf et sa bande
Imaginée et dessinée par Zep, la bande dessinée *Titeuf* débarque en 1992. Elle raconte les histoires d'un jeune garçon avec sa mèche blonde caractéristique, accompagné de ses amis Manu, Hugo, et François. Une série de BD s'inscrivant vite dans la culture populaire, avec son humour potache et ses réflexions sur la vie des préadolescents à travers le quotidien des différents personnages.

Le Grand Bluff
26 décembre 1992. Record d'audience avec l'émission *Le Grand Bluff*, qui réussit la prouesse de rassembler 17 millions de téléspectateurs. Une émission présentée par Patrick Sébastien, avec un objectif simple : piéger des célébrités en leur faisant croire qu'elles passent dans une émission sérieuse. Un moment culte, avec des passages mémorables qui ont marqué toute une génération.

Frou-Frou

12 septembre 1992. Une émission fraiche et originale présentée par Christine Bravo (photo) entourée de ses chroniqueuses. L'émission s'articule autour d'un invité principal et de rubriques axées mode, bijoux, santé, etc. C'est la première émission française uniquement présentée par des femmes.

Pow Wow

16 mars 1992. Le premier album du groupe Pow Wow sort, quatuor a capella, avec 2 titres phares que tout le monde fredonnera tout au long de l'année: *Le Chat* et *Le lion est mort ce soir.* Ce premier opus est un énorme succès et est certifié disque de diamant avec plus d'un million d'albums vendus.

MUSIQUE

Deep Forest

Michel Sanchez se passionne pour la musique des Baka, une tribu pygmée du Congo. Avec Eric Mouquet il fonde Deep Forest. Le duo mélange la musique ethnique avec des sons électroniques. La ligne vocale de leur premier single *Sweet lullaby* provient d'un disque enregistré en 1970 dans les îles Salomon, près de l'Australie. Ce titre devient un succès mondial dans le domaine de la danse.

Double jeu

12 juin 1992. La sortie de l'album studio du duo Michel Berger et France Gall qui se vend à 550 000 exemplaires en un an. Un arbre qui cache la forêt puisque l'album est difficile à réaliser compte tenu des divergences entre les artistes en plein divorce. C'est le dernier album de Michel Berger de son vivant.

Les rave parties
Les DJ jouent lors d'événements illégaux avec de nombreux sous-genres, notamment la drum and bass, la techno, et la house. L'opinion publique associe rave party et drogue. Les utilisateurs d'ecstasy mettent en avant les qualités de cette drogue, qui permet d'atteindre une transe collective. En 1995, en France, une circulaire de la police présente les rave parties comme « des points de vente et d'usage de stupéfiants » et une grande vague de répression suivra.

MES 18 PREMIÈRES ANNÉES

TOP 10 1992

1. **Eric Clapton** *Tears In Heaven*
2. **Deep Forest** *Sweet Lullaby*
3. **François Feldman** *Joy*
4. **Genesis** *I Can't Dance*
5. **Jordy** *Dur dur d'être bébé!*
6. **MC Solaar** *Caroline*
7. **Metallica** *Nothing Else Matters*
8. **Pow Wow** *Le chat*
9. **Snap!** *Rhythm Is A Dancer*
10. **Vanessa Paradis** *Be My Baby*

Open | Search | Scan

Y

Histoire de France
La compagnie nantaise Royal De Luxe commémore le 500e anniversaire de la découverte des Amériques et traverse l'océan à bord d'un cargo qui servira de décor à son spectacle *La véritable histoire de France*. 16 représentations sont données dans 8 villes d'Amérique latine aux côtés de la Mano Negra.

X

Jordy
Dur dur d'être bébé de Jordy est en fait une complainte inappropriée. En effet, le petit garçon de 4 ans a vendu 6 millions d'exemplaires de son premier single et a passé jusqu'à 15 semaines en tête des hit-parades.

Les Vieilles Charrues
Le festival des Vieilles Charrues est créé à Carhaix-Plouguer, en Bretagne, par un groupe de jeunes bénévoles passionnés de musique. Ils veulent dynamiser la ville et offrir un événement culturel d'envergure. La première édition, modeste, se tient dans une prairie avec une programmation éclectique. Les Vieilles Charrues sont devenues l'un des plus grands festivals de musique en France, illustrant le pouvoir de l'initiative locale et de la passion pour la musique live.

SPORT

L'affaire Glassman

A

20 mai 1993. 6 jours avant sa finale européenne, l'Olympique de Marseille se déplace sur le terrain de Valenciennes et s'impose 1 à 0 sur la pelouse du stade Nungesser. Un match anodin comme tant d'autres pense t-on alors. Mais dans les semaines qui suivent, un scandale de match arrangé éclate, Bernard Tapie (photo) alors président de l'OM, est impliqué suite aux dénonciations de Jacques Glassman.

B

Marseille sur le toit de l'Europe

26 mai 1993. Avec l'iconique entraîneur Belge Raymond Goethals à sa tête, l'Olympique de Marseille joue au Stade olympique de Munich sa seconde finale de Ligue des Champions en 3 ans. Après l'échec de Bari, le club phocéen l'emporte face au grand AC Milan sur le score de 1 à 0 et devient le premier club français à remporter la coupe aux grandes oreilles.

Le trophée Jules Verne

Un tour du monde sans escale, sans équipage et sans assistance, voici une incroyable aventure. Nommé d'après le roman de Jules Verne, le Yacht Club de France propose de récompenser les exploits maritimes et le passage des 3 caps les plus célèbres du monde marin, Bonne-Espérance, Leeuwin et Horn. Le record de 40 jours est détenu depuis 2017 par Francis Joyon.

C

Pas d'Amérique pour les bleus

17 novembre 1993. 91ème minute au Parc des Princes, la France fait match nul contre la Bulgarie. Un mois après le fiasco à domicile contre Israël (2-3), la France pense tenir le point manquant pour se qualifier à la Coupe du monde de 1994 aux Etats-Unis. Mais une perte de balle française échoue dans les pieds bulgares et, après avoir remonté 80 mètres avec le ballon, Emil Kostadinov envoie un missile sous la barre de Bernard Lama, impuissant. Les bleus ne verront pas l'Amérique.

VOUS SOUVENEZ-VOUS ?

Air Max

1 JAN 1993

Entrée en vigueur du Grand Marché Unique Européen et de l'Union européenne.

20 FEV 1993

Mort du contre-espion britannique Dick White qui aurait inspiré le James Bond de Ian Fleming.

11 MAR 1993

Le premier vol de l'Airbus A321 qui sera mis en service le 18 mars 1994.

1993

On découvre Lance Armstrong
29 août 1993. Le coureur américain Lance Armstrong devient champion du monde de cyclisme. Il remportera 7 Tours de France, record absolu, mais il perdra ensuite tous ses titres, convaincu de dopage.

L'affaire Jean-Claude Romand
9 janvier 1993. Une affaire digne d'un scénario de film. Jean-Claude Romand a trompé ses proches pendant 18 ans en leurs faisant croire qu'il était médecin et chercheur. Alors qu'il est à court de ressources et que sa femme est sur le point de découvrir la vérité, il tue celle-ci, ses 4 enfants et ses parents. Le mythomane est condamné à la réclusion à perpétuité.

VOUS SOUVENEZ-VOUS ?

Discman

ACTUALITES

Appelez moi Clafoutis !
C'est avec ce titre moqueur que *Le Parisien* illustre la fin du prénom imposé par le calendrier par une loi Napoléonienne. A partir de cette année 1993, les parents jouissent d'une liberté pour baptiser, laissant libre cours à des initiatives parfois farfelues.

L'horreur à Perpignan
L'ogre de Perpignan frappe une dernière fois en 1993. Patrick Tissier, déjà condamné pour des meurtres en 1972 et 1985, sévit de nouveau lors de sa réinstallation dans les Pyrénées. Réinséré au sein d'une communauté mormone, il agressera et tuera ses victimes avant que la police l'interpelle. Son affaire relance le débat public sur les risques de récidives et le rôle de la prison.

Human Bomb à Neuilly
13 mai 1993. Prise d'otage à la maternelle de Neuilly. À 9h20, un homme armé s'introduit dans une école maternelle et prend en otage 21 enfants et leur institutrice. Bardé de dynamite, il se surnomme HB, Human Bomb. C'est la première fois en France que des enfants sont pris en otage dans une école. Nicolas Sarkozy, alors maire de Neuilly, accourt sur place, et participera de manière très active aux négociations. Après près de 24h de prise d'otages, les policiers du RAID réussissent à entrer dans le bâtiment et à mettre fin au calvaire des enfants.

AVR 1993
Les débuts sur le marché français du telephone mobile cellulaire.

29 MAI 1993
Le magazine *Tintin* paraît pour la dernière fois.

20 JUN 1993
Peugeot gagne les 24 Heures du Mans avec l'équipe Brabham, Bouchut et Hélary.

Paris - Lille en une heure
23 mai 1993. C'est le grand jour pour les premiers voyageurs à bord du TGV Nord. Un train à grande vitesse lancé à 300km/h qui, même si le tronçon d'Arras n'est pas encore prêt, permet enfin de relier la nouvelle gare Lille Europe à la gare du Nord, en moins d'une heure.

Le suicide de Bérégovoy
1er mai 1993. Coup de tonnerre dans la vie politique française. Un mois à peine après son départ du gouvernement, Pierre Bérégovoy se donne la mort en se tirant une balle dans la tête. Ce proche de François Mitterrand, qu'on dit avoir eu des tendances suicidaires les mois précédents, décède pendant le transport en hélicoptère vers l'hôpital du Val-de-Grâce. Après la déroute du PS aux élections législatives, il est également accusé d'avoir profité de conditions favorables pour l'acquisition de son appartement privé. Le président Mitterrand lui rend un vibrant hommage lors de ses funérailles.

Quel temps pour demain ?
Si la météorologie en France existe depuis le milieu du 20ème siècle, c'est seulement en 1993 que l'établissement public Météo France voit le jour. Une science qui se diffuse alors dans la population et qui devient un rendez-vous quotidien pour les Français.

POLITIQUE

Cohabitation
Après la première cohabitation avec Jacques Chirac et la victoire de l'UPF aux législatives, François Mitterrand est à nouveau contraint à la cohabitation. Cette fois ci, il nomme Edouard Balladur (photo gauche) à la tête du gouvernement. Tentant de rétablir la situation du pays, il lance un grand emprunt pour la relance de l'économie qui portera son nom. En conflit avec sa propre majorité en essayant de chercher le plus large consensus, il s'engagera dans un duel à droite contre Jacques Chirac en vue des élections de 1995.

12 JUL 1993
Un tsunami tue environ 200 personnes sur l'Île Okushiri, au large du Japon. La vague fait 31 m de haut.

17 AOÛ 1993
Le chanteur Michael Jackson est accusé d'attentats à la pudeur sur le jeune Jordan Chandler.

26 SEP 1993
Alain Prost remporte le Championnat du monde de Formule 1 au volant d'une Williams-Renault.

1993

ACTUALITES INTERNATIONALES

Les frontières bougent
1er janvier 1993. Les frontières entre le Benelux, la France, l'Allemagne, l'Espagne, le Portugal, l'Italie et la Grèce sont supprimées : c'est la conséquence de l'entrée en vigueur du Traité de Schengen. Mais à l'Est, une nouvelle frontière apparaît, qui sépare dorénavant la République tchèque de la Slovaquie.

Srebrenica
La guerre entre Serbes d'un côté, Bosniens et Croates de l'autre, fait rage. Des dizaines de milliers de Bosniaques (de culture musulmane) survivants des combats ayant ravagé villes et villages s'enfuient pour rejoindre des enclaves que l'armée bosnienne a réussi à préserver des attaques serbes. C'est notamment le cas de la ville de Srebrenica, où plusieurs milliers de personnes seront massacrées 2 ans plus tard par des unités de l'armée serbe de Bosnie.

Une bombe au WTC
26 février 1993. Le World Trade Center New Yorkais est touché par un premier attentat à la bombe, perpétré par des terroristes liés à Al-Qaïda. Leur but est de faire s'écrouler la tour nord sur la tour sud. Leur objectif n'est pas atteint mais il y aura tout de même 6 morts et un millier de blessés. Les tours sont provisoirement préservées...

Le spam
31 mars 1993. C'est par erreur qu'un développeur de logiciels, Richard Depew, envoie à 200 reprises le même message à un forum de discussion sur le réseau Usenet. La surcharge ainsi générée provoque la frustration des autres usagers du réseau. C'est l'un de ces usagers, Joel Furr, qui donnera à cette explosion de messages le nom de 'spam', dans son acception actuelle.

Stephen Hawking
Dans son ouvrage *Une brève histoire du temps* (1988), le physicien britannique Stephan Hawking entend vulgariser les concepts d'univers, de cosmos, de big-bang ou encore de trous noirs. Le livre est d'autant plus remarquable qu'il a été écrit avec l'aide d'un dispositif utilisant notamment un synthétiseur vocal, un capteur infra-rouge et un ordinateur. L'homme est en effet atteint d'une maladie grave et presque entièrement paralysé. En 1993, l'ouvrage apparaîtra comme celui ayant figuré le plus longtemps dans la liste des best-sellers du *Sunday Times*.

21 OCT 1993
Assassinat du president burundais Ndadaye suivi d'un genocide de plus de 100 000 tutsis.

NOV 1993
Le webcam surgit pour la première fois à l'université de Cambridge. On voit... une cafetière.

13 DÉC 1993
Le lancement du jeu vidéo *FIFA International Soccer* sur le SEGA Mega Drive.

Les accords d'Oslo

13 septembre 1993. C'est dans le plus grand des secrets que des représentants d'Israël et de l'OLP (Organisation de Libération de la Palestine) négocient à Oslo, dans le but de conclure un accord de paix. Les discussions aboutissent finalement à un accord : les Palestiniens pourront jouir de leur autonomie et créer leur propre autorité.

L'Union Européenne

1er novembre 1993. Un an et demi après sa signature, le Traité de Maastricht entre officiellement en application. L'Union Européenne devient ainsi une réalité. Et le parlement européen est désormais doté de pouvoirs plus larges, alors que l'Europe se dirige vers une monnaie unique.

Escobar

2 décembre 1993. Le baron colombien de la drogue Pablo Escobar est devenu l'un des hommes les plus craints au monde. A la tête du célèbre 'Cartel de Medellin', il régit près de 80 pour cent du trafic de drogue mondial, ce qui lui rapporte dans les meilleurs années plus de 70 millions de dollars par jour… Ces trafics vont évidemment de pair avec des règlements de compte. Mais Escobar semble intouchable en Colombie. La date du 2 décembre lui est fatale : après plusieurs évasions de prisons, il est cerné par la police colombienne à Medellin et abattu sur le toit de sa maison.

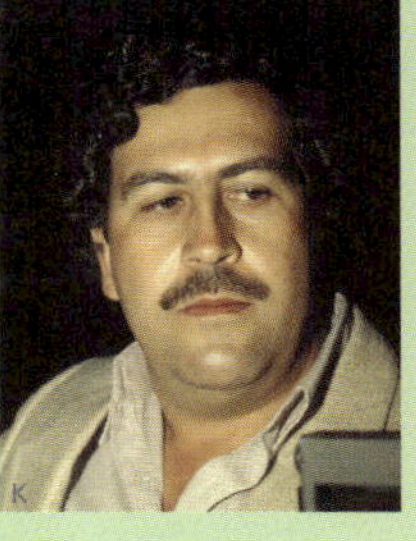

DIVERTISSEMENT

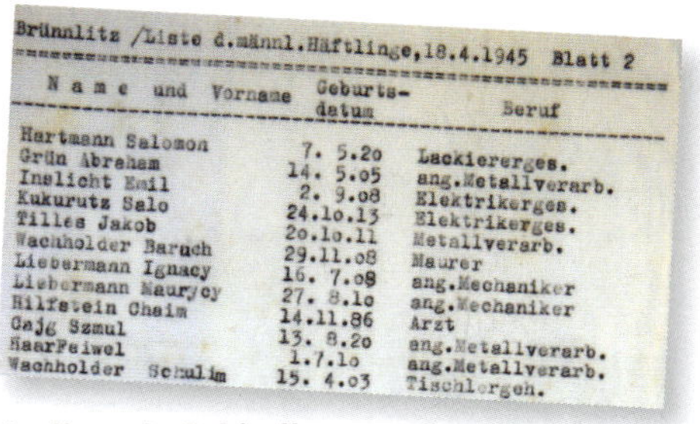

Brünnlitz /Liste d.männl.Häftlinge,18.4.1945 Blatt 2

Name und Vorname	Geburts-datum	Beruf
Hartmann Salomon	7. 5.20	Lackiererges.
Grün Abraham	14. 5.05	ang.Metallverarb.
Inslicht Emil	2. 9.08	Elektrikerges.
Kukurutz Salo	24.10.13	Elektrikerges.
Tilles Jakob	20.10.11	Metallverarb.
Wachholder Baruch	29.11.08	Maurer
Liebermann Ignacy	16. 7.08	ang.Mechaniker
Liebermann Maurycy	27. 8.10	ang.Mechaniker
Hilfstein Chaim	14.11.86	Arzt
Gajg Szmul	13. 8.20	ang.Metallverarb.
HaarFeiwel	1.7.10	ang.Metallverarb.
Wachholder Schulim	15. 4.03	Tischlergeh.

La liste de Schindler

Le film de Steven Spielberg évoque l'histoire vraie de l'industriel allemand Oskar Schindler, qui a réussi à sauver 1 000 Juifs pendant la Seconde Guerre mondiale, en les inscrivant massivement comme travailleurs de son usine d'émaillage. La musique du film, composée par John Williams et jouée par le violoniste israëlien Ysaac Perlman, ne passe pas inaperçue.

Jurassic Park

65 millions d'années après leur disparition, les dinosaures font à nouveau parler d'eux. Par la grâce d'un film de Steven Spielberg, le désormais célèbre *Jurassic Park*, dont le scénario imagine que des scientifiques ont réussi à cloner ces animaux préhistoriques en recourant aux techniques liées à l'ADN. Ces mastodontes ressuscités sont ensuite rassemblés dans un parc d'attraction. Tout va bien, jusqu'à ce qu'une forte averse provoque une panne de courant, libérant les terribles reptiles diapsides…

1993

Les couloirs du temps
Jean Marie Poiré signe un des plus grands succès du cinéma français avec *Les visiteurs*. Emmené par une myriade d'acteurs exceptionnels, dont le duo Clavier/Réno et une Valerie Lemercier fantastique, le film approche les 14 millions d'entrées. Avec un scénario original et des répliques désormais cultes, *Les Visiteurs* rejoint les films intemporels au Panthéon du cinéma français, et ses moments discutés dans toutes les familles !

Beverly Hills
C'est la mode des séries américaines et *Beverly Hills* s'impose comme la référence en devenant un phénomène culturel majeur. En suivant les aventures de Brandon et Brenda Walsh, de Dylan et Kelly et leurs compères, les téléspectateurs sont plongés pour la première fois dans le quotidien d'adolescents de la banlieue chic de Los Angeles. Chacun s'attachera à ces personnages que l'on a envie de rejoindre dans leur bande de copains.

Nagui star
Star montante du PAF, Nagui inaugure une émission musicale qui fera date. On apprécie dans *Taratata* aussi bien la scène ouverte pour les artistes émergents que les rencontres privilégiées avec des stars reconnues. Le ton de l'émission, la connivence de Nagui avec les invités offrent à ce rendez-vous hebdomadaire un succès mérité.

Doom
Petite révolution dans le monde du jeu vidéo. *Doom* apparaît et le format de FPS (First-person shooter) avec. Immergé à la première personne et armes à la main, nous voici la proie d'affreux aliens, issus d'une expérience scientifique qui aurait mal tournée. Avec sa vue subjective et un rendu 3D réaliste, c'est un nouveau mode de jeu qui s'ouvre aux amateurs de jeu vidéo.

Les Mystères de Pékin
Sur le marché depuis 1987 par la société MB, cette enquête multijoueur est un véritable carton dans les familles françaises. A la recherche du meurtrier, vous voilà plongé au coeur des commerçants de Pékin qui témoignent chacun à son tour. Avec des jeux de mots parfois à la limite, les rencontres du Sage, Lady Shar'Ming ou encore Monsieur Chang'Pabon, vous permettront d'élucider le mystère de Pékin. « Seul le sage pouvait m'aider, j'avais trouvé, c'était Chao Ling le meurtrier ».

C'est pas sorcier Jamy

Le plus célèbre des camions de France prend la route. A bord, Fred et Jamy (Frédéric Courant et Jamy Gourmaud) nous initient à la découverte scientifique, entre reportage de terrain et décryptage. Destiné aux ados et aux plus jeunes, c'est toute la famille qui se réunit devant ce programme qui explique aussi bien la biologie que la physique et les petits mystères de la vie qui nous entoure. « En route Marcel ! »

Magic l'Assemblée

Créé par le mathématicien Richard Garfield, le jeu de carte *Magic The Gathering* est lancé en 1993. Le jeu offre aux joueurs une expérience immersive dans un univers fantastique où ils incarnent des mages, le tout en utilisant des cartes pour invoquer des créatures, lancer des sorts et atteindre l'objectif ultime de réduire les points de vie de leur adversaire à zéro. Le jeu se crée rapidement une communauté de passionnés tout autour du globe donnant lieu à de nombreux tournois à grande échelle.

Le château des Oliviers

28 juin 1993. C'est la saga de l'été 1993, 8 épisodes autour de secrets de famille, de vengeance avec Jacques Perrin, Brigitte Fossey et Georges Corraface (photo).

Mignon Monsieur Pignon

Francis Weber signe au théâtre un coup de maître avec son *Dîner de Cons*. Interprêté par Jacques Villeret, le personnage de François Pignon va prendre son envol dans ce vaudeville moderne où un groupe d'hommes d'affaires s'amuse avec un invité réputé stupide du moins au début. Le jeu tout en finesse du badaud Villeret et sa sincérité en feront un des personnages les plus appréciés lors de son adaptation au cinéma en 1998. Et vous, vous faîtes quoi mercredi ?

L'instit

17 février 1993. Victor Novak, joué par Gérard Klein, ancien juge est un instituteur remplaçant et itinérant au guidon de sa moto. Il est à la recherche de sa femme et de sa fille qui l'ont abandonné. Chaque épisode est un prétexte pour aborder à travers les enfants des thèmes de société comme le racisme, la maltraitance, le handicap, la monoparentalité, l'illettrisme, etc.

Zone interdite

7 mars 1993. Le principe de cette émission sur M6 : des reportages sur le monde actuel en abordant des thèmes de société comme l'euthanasie, les mères porteuses, la prostitution... C'est Patrick de Carolis son créateur qui en sera aussi le premier présentateur.

Les voleurs de couleurs

Les appareils photos numériques sont encore loin et Kodak nous régale de publicités mettant en avant son savoir-faire. Cette année-là, les « voleurs de couleurs » deviennent une publicité phare de l'époque, où Kodak nous montre toute l'importance d'immortaliser en couleurs nos petits moments de la vie.

1993

Highlander
1er septembre 1993. Figure emblématique de la télévision des années 90, *Highlander* est une série fantastique basée sur un guerrier écossais interprété par Adrian Paul. On suit alors les aventures de Duncan Mc Leod, un combattant immortel, confronté à un autre highlander en quête de pouvoir.

Code Quantum
26 septembre 1993. Le docteur Samuel Beckett, 'Sam', émet l'hypothèse qu'il est possible de voyager dans le temps. Il décide de tester lui-même son invention, mais se trouve prisonnier du système et se met à sauter d'époque en époque au cours du 20ème siècle aux Etats-Unis, tout en essayant de corriger certaines erreurs du passé.

Les Minikeums
31 mars 1993. Une émission de télévision destinée aux enfants. Lancée par Arnold Boiseau, l'un des créateurs des *Guignols de l'Info*, le principe consiste là aussi en l'usage de marionnettes de latex caricaturant des personnages réels. Ainsi, entre deux dessins animés, on retrouve Coco (Antoine De Caunes), Jojo (Johnny Hallyday), Nag (Nagui), M'sé (MC Solaar), Vaness (Vanessa Paradis) ou encore Josy (Josiane Balasko) à travers des sketchs, mais également via un long métrage ou encore plusieurs chansons qui deviennent des tubes dont *Ma Mélissa*.

MUSIQUE

Arno
Le chanteur belge Arno entame une carrière solo, soutenu par son manager parisien Cyril Prieur. Le rocker commence à chanter en français. Non sans succès, son album *Idiots savants* avec les morceaux *Les filles du bord de mer*, son interpretation de la chanson d'Adamo, et *Vive ma liberté*, est bien reçu dans l'Hexagone. Le 30 janvier 2002, Arno devient Chevalier dans l'Ordre des Arts et des Lettres. Sa réponse ? « Vive la France ! ».

Prince change de nom
7 juin 1993. Prince entre en conflit avec sa firme de disques, à propos du nombre d'albums qu'il doit produire et du seuil d'exemplaires qui doivent être vendus. Pour contourner ses obligations contractuelles, il change de nom, devenant 'The Artist Formerly Known As Prince' (L'artiste autrefois connu comme Prince) exprimé sous forme du symbole TAFKAP, afin de produire directement sa propre musique, tout en honorant son contrat avec Warner.

La fin du 45 tours
C'est en mars 1949 que sort le premier 45 tours de l'histoire. Lancé par la maison de disque américaine RCA, ce support doit son nom au nombre de rotations effectuées en une minute. Après avoir dominé le marché mondial de la musique, le 45 tours subit notamment l'apparition du CD et déclinera jusqu'à cesser d'exister. En France, c'est l'album *Des hauts, des bas* de l'artiste suisse Stéphane Eicher qui sera le dernier 45 tours pressé et commercialisé.

Les Paroles et le Geste
14 juillet 1993. Le chanteur-compositeur Léo Ferré décède à l'âge de 76 ans. Célèbre pour plusieurs succès publics tels que *Avec le temps*, *Jolie Môme* ou encore *C'est extra*, Ferré est également connu pour son engagement, se définissant comme anarchiste et anticapitaliste. Il rend son dernier soupir dans sa demeure de Castellina en Toscane. Sur l'ensemble de sa carrière, Ferré a enregistré près de 500 chansons, rééditées en 2023 sous le titre *Les Paroles et le Geste*.

Elle s'appelle Hélène
Star des séries télévisées pour adolescents diffusées sur TF1, *Premiers Baisers* et *Hélène et les Garçons*, l'artiste Hélène Rolles sort son troisième album *Je m'appelle Hélène* en septembre 1993. L'album qui compte 10 titres se vend à 900 000 exemplaires et vaudra à la chanteuse une nomination aux Victoires de la musique et 10 concerts au Zénith de Paris.

Zappa s'en va
4 décembre 1993. Le chanteur et compositeur américain Frank Zappa décède d'un cancer. On se souviendra du pionnier de la *fusion* de musique classique, psychédélique, jazz, de sa vision et de son humour.

Foule Sentimentale
Alain Souchon s'inspire de la grande frénésie d'achats des fêtes de fin d'année pour écrire la chanson *Foule sentimentale*. Sur près de 5min30, le chanteur décrit les dérives d'une société superficielle, où le consumérisme extrême vise à remplir le vide existentiel de l'époque. Pour la musique, il se tourne vers sa grande idole : Keith Richards, guitariste des Rolling Stones.

1993

Police
15 mars 1993. NTM provoque une énorme vague de protestations avec la chanson *Police*. Le duo hip-hop parisien accuse les forces de l'ordre d'abuser de leur pouvoir. Une enquête est ouverte, mais les poursuites ne se concrétisent pas. En 1995, le rappeur Joeystarr (né Didier Morville) hurle sa haine de la police et de la justice au début de *Police*, lors d'un concert à Toulon.

MES 18 PREMIÈRES ANNÉES
TOP 10 1993

1. **Axelle Red** *Sensualité*
2. **Duran Duran** *Ordinary World*
3. **Les Innocents** *L'autre Finistère*
4. **Freddie Mercury** *Living On My Own*
5. **Native** *Si la vie demande ça*
6. **R.E.M.** *Everbody Hurts*
7. **Alain Souchon** *Foule sentimentale*
8. **Suprême NTM** *Police*
9. **2 Unlimited** *No Limit*
10. **Whitney Houston** *I Will Always Love You*

Open | Search | Scan

Le testament de Kurt Cobain
Le programme de télévision *MTV Unplugged* fait un gros succès depuis quelques années. Il présente de grosses vedettes comme Paul McCartney, Maria Carey ou Eric Clapton jouant leurs plus gros succès sur des instruments acoustiques, dans un cadre plutôt intime. En 1993, c'est au tour d'autres stars comme Bruce Springsteen, Duran Duran ou Rod Stewart d'y prendre part mais, l'une des émissions les plus célèbres est consacrée à Nirvana, avec le chanteur Kurt Cobain (photo).

Sensualité
Déjà connue en Belgique, la chanteuse Axelle Red, de son vrai nom Fabienne Demal, rencontre le succès hors des frontières nationales avec son single *Sensualité*. Alors qu'elle vient tout juste d'obtenir son diplôme en Droit à l'Université de Bruxelles, l'artiste sort son premier album *Sans plus attendre* qui s'écoule à 550 000 exemplaires.

SPORT

Les Jeux Olympiques de Lillehammer
12 - 27 février 1994. Lillehammer en Norvège reçoit la 17e édition de la compétition hivernale. 1 739 athlètes issus de 67 nations viennent participer à l'une des 61 épreuves. A l'arrivée, même si la Russie termine en tête du tableau des médailles (11 titres), c'est la Norvège qui compte le plus de médailles (26 dont 10 en or).

A

C

Coupe du Monde
17 juin-17 juillet 1994. Si 24 équipes sont au rendez-vous pour décrocher le titre mondial, alors propriété de l'Allemagne, cette édition américaine se fera sans la France et l'Angleterre non qualifiées. L'autre surprise viendra de la Bulgarie et sa star Hristo Stoitchkov (co-meilleur buteur avec 6 buts) qui se hissera en demi-finale. La compétition est remportée par le Brésil de Romario, Bebeto, Dunga et Ronaldo lors d'une suffocante séance de tirs-au-but (0-0 à la fin du temps réglementaire) qui verra la star italienne Roberto Baggio manquer sa transformation et donner le titre aux Brésiliens.

Senna magique
1er mai 1994. Il est 14 h 18 lorsque Ayrton Senna perd le contrôle de sa monoplace sur le circuit de San Marin. Le pilote star de l'écurie Williams-Renault quitte la route à plus de 300 km/h et vient percuter le mur de béton face à lui. Malgré des soins d'urgence, le pilote brésilien décédera 4 heures plus tard. Lors du rapatriement de son cercueil au Brésil, des centaines de milliers de personnes se massent sur le bord de la route reliant l'aéroport à la ville de São Paulo pour lui porter un dernier hommage.

B

1 JAN 1994
Entrée en vigueur de l'Espace économique européen entre les 12 membres de l'UE et les 5 de l'AELE.

23 FEV 1994
Cessez-le-feu entre la Serbie et la Croatie en Bosnie.

21 MAR 1994
Le film de Steven Spielberg, *La liste de Schindler*, décroche 7 Oscars.

1994

Sergueï Bubka
31 juillet 1994. Le sauteur à la perche ukrainien Sergueï Bubka, souverain dans sa discipline depuis des années, bat ce jour pour la 35e et dernière fois le record du monde en réalisant un saut à 6,14m.

Leblanc en arc-en-ciel
28 août 1994. 2 ans après son titre de Champion de France sur route, le coureur cycliste français décroche le titre mondial, à Agrigento en Italie. C'est au terme d'une course éprouvante sous le soleil sicilien que le natif de Limoges décroche son maillot arc-en-ciel, 9 secondes devant l'Italien Claudio Chiappucci, le Français Richard Virenque, alors coéquipier de Leblanc chez Festina-Lotus, complétant le podium. Pour l'anecdote, ces championnats du monde 1994 seront les derniers avec un contre-la-montre par équipe, puisque dès l'édition suivante, l'épreuve sera remplacée par un contre-la-montre individuel.

ACTUALITES

La France et l'Angleterre reliées
6 mai 1994. Après plus de 6 ans de travaux, François Mitterand et la Reine Elisabeth II inaugurent en grandes pompes le Tunnel sous la Manche. Reliant Folkestone (Kent) à Peuplingues (Pas-de-Calais), ce tunnel long de 50,5 km demeure aujourd'hui encore le tunnel avec la plus longue section sous-marine du monde. Avec un coût total de plus de 87 milliards de francs, ce projet titanesque a finalement coûté plus du double de son budget initial, mais permet à plusieurs millions de passagers de traverser la Manche chaque année.

L'emploi de la langue française
4 août 1994. La « Loi relative à l'emploi de la langue française » doit protéger le patrimoine linguistique français face à la multiplication des anglicismes. Cette loi se traduit par une obligation d'utiliser le français dans les administrations, les médias, l'éducation, les services publics et les contrats de travail. Elle exige également l'usage du français dans les publicités et les étiquetages.

29 AVR 1994
Commodore International, connu pour ses calculatrices et micro-ordinateurs, s'arrête.

30 MAI 1994
Le décès du baron Bich, créateur du stylo Bic et du groupe éponyme.

19 JUN 1994
Dalmas, Haywood et Baldi s'imposent sur une Porsche 962 GT LM aux 24 Heures du Mans.

Premier Sidaction
7 avril 1994. L'émission *Ensemble contre le Sida,* présentée par Frédéric Mitterrand (photo droite) et Christophe Dechavanne (photo gauche), est diffusée simultanément sur les 6 chaines hertziennes de l'époque. Plus de 6 heures de 'prime-time' qui vont toucher 23 millions de téléspectateurs et permettre de récolter 300 millions de francs de dons.

Vol Air France détourné
24 décembre 1994. Le vol Air France 8969 reliant Alger à Paris avec 220 passagers à son bord est victime d'une prise d'otages. A bord, 4 membres du Groupement Islamique Armé demandent la libération de 2 membres du Front Islamique du Salut. Ils exécutent 3 otages, forcent le décollage de l'avion, qui atterrit à Marseille où le GIGN intervient, tuant tous les terroristes.

Peintures préhistoriques
18 décembre 1994. A l'origine de cette découverte, 3 spéléologues qui décident de se faufiler dans une petite ouverture cachée derrière un mur de végétation. Et quelle découverte ! Puisque la Grotte Chauvet comporte plus d'un millier de peintures et dessins datant du paléolithique et représentant 440 animaux de 14 espèces différentes.

POLITIQUE

Libre échange en Amérique du Nord
1er janvier 1994. L'accord de libre-échange entre les Etats-Unis, le Canada et le Mexique élimine les barrières tarifaires et facilite la libre circulation des biens et des services entre les 3 pays. L'idée, en plus de stimuler les échanges économiques, est de renforcer la relation bilatérale et d'encourager la collaboration dans l'investissement, la technologie et la culture.

JUL 1994
D'avril à juillet 1994, 800 000 Rwandais hommes, femmes et enfants, principalement des Tutsis, sont massacrés.

14 AOÛ 1994
L'arrestation du terroriste n°1 dans le monde, Ilich Ramirez Sanchez, dit Carlos ou le chacal.

1 SEP 1994
Le livre *Une Jeunesse francaise* sur François Mitterrand déclenche une polémique relative à son action sous Vichy.

1994

Hue à la tête du PCF

29 janvier 1994. le 28e congrès du Parti communiste français a lieu à Saint-Ouen. Georges Marchais, Secrétaire Général historique du PCF, alors contesté en interne et affaibli par des problèmes de santé cède son siège à Robert Hue (photo). En poste depuis 1972, l'homme politique français connu pour ses interventions médiatiques et son fort caractère, laisse la place à celui qui occupera le siège jusqu'en octobre 2001 où il deviendra président du parti.

L'Europe et la Russie

En juin 1994, l'Union européenne et la Russie signent un accord historique qui jette les bases d'une coopération renforcée. Cet accord englobe divers domaines, notamment l'économie, la culture et la diplomatie et favorise l'échange d'expertise et de connaissances, encourageant les partenariats dans des secteurs tels que l'énergie, l'aérospatiale et les sciences.

ACTUALITES INTERNATIONALES

Le président Mandela

27 avril 1994. Les premières élections libres organisées en Afrique du Sud débouchent sur une victoire incontestable de l'ANC, la formation de Nelson Mandela. Agé de 75 ans, c'est lui qui a mené le combat contre l'apartheid et en a payé le prix, en passant 27 ans en prison. Mandela devient aussi le premier président noir du pays. Son gouvernement d'unité nationale met rapidement fin au régime d'apartheid. L'archevêque anglican Desmond Tutu jouera un rôle important, en tant que président d'une Commission de la vérité et de la réconciliation.

Assassinat de Yann Piat

25 février 1994. Yann Piat, députée du Var, est assassinée alors qu'elle se trouve dans sa voiture à Hyères. Très engagée dans la lutte contre la corruption et le crime organisé dans son département, la femme politique tombe sous les balles de 2 hommes à moto. Les obsèques se déroulent le 1er mars en présence de plus de 2 000 personnes dont une partie du gouvernement de l'époque.

26 OCT 1994

La paix s'installe entre la Jordanie et Israël.

28 NOV 1994

Une fois de plus, les Norvégiens votent contre l'adhésion à l'Union Européenne.

10 DÉC 1994

Yasser Arafat, Yitzhak Rabin et Shimon Peres reçoivent le Prix Nobel de la Paix.

Jeux à gogo
A partir des années 90 plus de 300 jeux seront édités chaque année. En France, les meilleurs jeux remportent l'As d'Or lors du Festival International des Jeux à Cannes.

L'affaire Simpson
Le joueur de football américain, mais aussi acteur, O.J. Simpson, est une véritable star dont la réputation dépasse les frontières des Etats-Unis. Mais le 17 juin 1994, sa statue s'écroule : il est accusé d'avoir tué son ex-épouse et l'un de ses proches. Après avoir pris la fuite, il est poursuivi par 20 voitures de police, des hélicoptères et la poursuite est diffusée à la télévision.

VOUS SOUVENEZ-VOUS ?

Disquette

Opération Turquoise au Rwanda
22 juin 1994. Autorisée par une résolution de l'ONU, cette opération militaire est organisée par la France dans le but de mettre fin aux massacres perpétrés au Rwanda. Cette sombre page de l'histoire rwandaise débute en avril 1994 lorsque le gouvernement rwandais, composé de Hutus, refuse de réintégrer les exilés Tutsis. Au total plus de 2 500 soldats français et 500 soldats venus de 7 pays d'Afrique seront déployés dans le pays lors de l'Opération Turquoise pour venir endiguer ce génocide qui fera tout de même plus de 800 000 victimes.

Mort de Kim Il-Sung
8 juillet 1994. Tous les Coréens du nord pleurent le décès de leur grand leader Kim Il-Sung. Sous sa férule, la Corée du Nord est isolée hermétiquement du reste du monde. C'est le fils de Kim Il-Sung (photo de gauche), Kim Jong-il (photo de droite), qui lui succède.

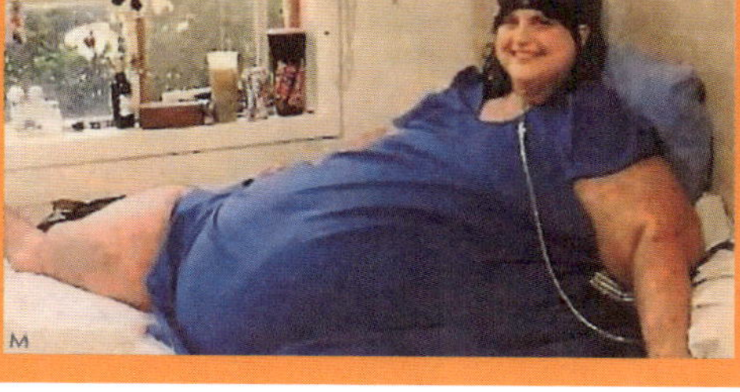

Une femme pesante
18 juillet 1994. Selon son compagnon de l'époque, Carol Yager pèse, ou a pesé, pas moins de… 544 kilos !!! C'est alors la personne américaine la plus 'lourde' qui n'ait jamais existé. Cela ne va pas sans de graves problèmes de santé. Envoyée à l'hôpital, elle parvient à y perdre 236 kilos. Mais le 18 juillet, elle décède des suites de son obésité morbide.

Le mythe de Nessie déboulonné
Le mythe du monstre de Loch Ness repose en grande partie sur une photo montrant vaguement un monstre à allure de serpent géant. En 1994, il apparaît que la fameuse photo est un faux. Le Dr Wilson âgé de 90 ans avoue qu'il a participé à une falsification. La photo a été fabriquée à partir d'un jouet imitant un sous-marin, surmonté d'une tête de serpent marin.

Naufrage de l'Estonia
28 septembre 1994. La Mer Baltique est le théâtre de la plus grande catastrophe navale jamais survenue en Europe. L'affaire se passe entre l'Estonie et la Finlande, lorsque le navire Estonia chavire, le pont abritant les voitures prenant soudainement l'eau. Le bilan est terrible avec 852 personnes qui périssent. L'enquête révélera ensuite que la catastrophe a potentiellement été provoquée par une collision avec un sous-marin.

DIVERTISSEMENT

La Cité de la Peur
9 mars 1994.
La troupe des Nuls sort son long-métrage dans les salles françaises. *La Cité de la Peur,* une comédie familiale qui propose une intrigue finalement secondaire se déroulant en plein Festival de Cannes, ponctuée d'une multitude d'interventions et scénettes à l'humour absurde. Le film s'installera au fil du temps comme un objet culte. En témoignent les nombreuses répliques qui font partie de la culture populaire, comme « Vous voulez un whisky ? - Juste un doigt ! - Vous ne voulez pas un whisky d'abord ? »

Scully et Mulder
12 juin 1994. Fox Mulder (David Duchovny) et Dana Scully (Gillian Anderson) sont 2 agents du FBI chargés d'enquêter sur des dossiers non classés impliquant des phénomènes paranormaux. Voici le synopsis de départ de la série *X-Files : aux frontières du réel*, diffusée sur M6, Monstres, surnaturel, conspirations, extraterrestres constituent le fil conducteur de cette série.

'That Dress' de Versace
11 mai 1994. L'actrice anglaise, Elizabeth Hurley, impressionne le public. La cause de cette attention ? Sa robe Versace, rebaptisée par la suite 'That Dress', qui marquera le début du 'culte des célébrités', phénomène de promotion des marques via des vedettes.

Info en continu
24 juin 1994. Inaugurée par Etienne Mougeotte, vice-président de TF1, LCI (La Chaîne Info) est la première chaîne d'information en continu lancée en France. Elle se démarquera tout au long de son histoire par plusieurs événements marquants, notamment la diffusion en direct de la prise d'otages du vol Air France 8969 Alger-Paris ou encore le passage à une diffusion 24h/24 à partir de mai 1999. Le concept est inspiré de la chaine américaine CNN.

« T'as ton caps ? »
Cette phrase anime les cours de récré du milieu des années 1990. La raison ? Des petites rondelles de cartons imprimées avec des motifs ou des personnages qu'il faut empiler puis retourner en les percutant avec un 'kini', soit un pog plus épais et en plastique, afin de prendre les pogs de son adversaire. C'est en 1994 qu'est fondée la World Pog Federation qui propose une nomenclature et une certification des modèles de pog.

Léon
14 septembre 1994. New-York, un tueur à gages, une fillette et un policier violent et corrompu à leur poursuite, tels sont les ingrédients du cinquième film du réalisateur français Luc Besson. L'histoire doit son origine au personnage de Victor, un tueur à gages déjà incarné par Jean Reno, présent dans *Nikita*, le précédent film de Besson.

Les enfants de la télé
17 septembre 1994. Cette émission phare du divertissement télévisuel français fait ses débuts sur France 2. Pour cette première mouture, le programme est co-présenté par Pierre Tchernia et Arthur et consiste à montrer à des invités des anciens extraits vidéo les concernant, ridicules ou drôles, ainsi que des images d'archives marquantes de l'histoire de la télévision.

Jouer à la pétanque
Eh oui, c'est un sport. Il y a même des compétitions internationales ! Dans un parc pendant l'été, on voit plein de gens de 7 à 77 ans qui jouent à la pétanque.

1994

La bande de *Friends*

Octobre 1994. Rachel, Ross, Phoebe, Chandler, Monica et Joey, une bande de 6 copains habitant New York fait son apparition sur les écrans français et n'en bougera pas pendant 10 ans. Passée du statut de série TV à celui de phénomène culturel, *Friends* raconte les péripéties au quotidien d'une bande de trentenaires new-yorkais.

Pulp Fiction

26 octobre 1994. Sortie du deuxième film de Quentin Tarantino : *Pulp Fiction.* Il confirme son talent en recevant la Palme d'Or quelques mois auparavant. Utilisant une trame narrative non linéaire qui s'autorise des sauts dans la chronologie, des histoires en parallèle, le film suit plusieurs personnages apparemment sans liens, mais dont les récits vont se rencontrer et s'impacter.

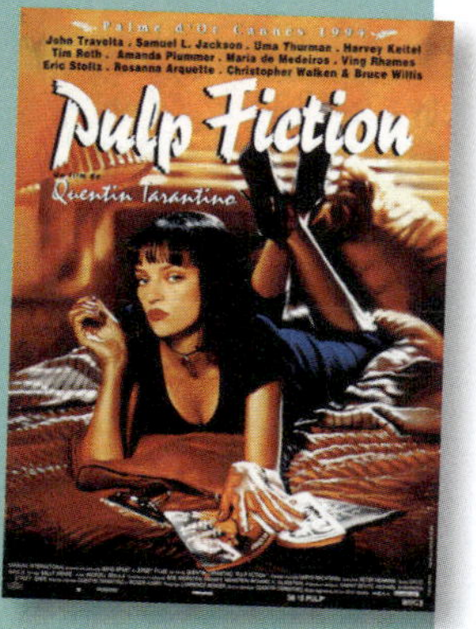

Forrest Gump

5 octobre 1994. Passer en revue l'histoire récente américaine par le prisme d'un 'simple d'esprit', voilà le pari tenté par Robert Zemeckis. Incarné par un Tom Hanks au sommet de son art, le personnage central de *Forrest Gump*, nous relate toutes les étapes de sa vie qui le conduiront sans cesse au cœur des événements marquants de son pays. Emprise du Ku Klux Klan sur les états du Sud, explosion d'Elvis Presley, guerre du Vietnam, émergence des Black Panthers, premiers pas sur la lune, Watergate... toute l'histoire récente des Etats-Unis et ses traumatismes sont vécus par Forrest Gump.

Un indien dans la ville

14 décembre 1994. Alors qu'il est parti en Amazonie, pour retrouver son ex-femme et lui faire signer les papiers de leur divorce, Stéphane (Thierry Lhermitte), découvre qu'il est le père d'un enfant de 13 ans, Mimi-Siku. L'enfant suivra son père lors de son retour à Paris, découvrant ainsi le mode de vie moderne et occidental. Le titre phare de la bande-originale, *Chacun sa route*, interprété par Tonton David, sera un tube de l'année 1994.

MUSIQUE

Les Enfoirés

27 janvier 1994. Jean-Louis Aubert, Charles Aznavour, Emmanuelle Béart, Francis Cabrel, Patrick Bruel, Jean-Jacques Goldman, Vanessa Paradis... voilà une infime partie des artistes présents au Grand Rex pour l'enregistrement de l'album live des Enfoirés. Le collectif sort l'album éponyme le 4 novembre.

La France dance
Le morceau *Je danse le mia* du groupe IAM arrive en tête des ventes, accompagné d'un clip réalisé par Michel Gondry, le titre fera connaître le groupe de rap marseillais au grand public. L'album *Ombre est lumière,* dont est extrait le titre, est sorti un an plus tôt.

Suicide de Kurt Cobain
Chanteur hyper-sensible du groupe Nirvana, Kurt Cobain est habité par des douleurs et souffrances morales qui n'échappent à personne. Devenu rapidement une icône de la musique grunge, il apparaît comme l'un des artistes rock les plus importants des années 1990. Dès son plus jeune âge, son état mental fait question. La suite de sa vie ressemble à des montagnes russes émotionnelles et la vitesse à laquelle il les parcourt lui est fatale. Le 5 avril, sa vie s'éteint dans une serre du jardin de sa maison de Seattle, se tirant une balle dans la tête.

Fruit de la passion
Francky Vincent devient le roi de l'été grâce à *Fruit de la passion*. La chanson a déjà 3 ans et connaît un grand succès aux Antilles. Mais il faut attendre 1994 pour que ses qualités soient découvertes à Paris. Outre le titre, la compilation *Fruit de la passion* (*vas-y Francky c'est bon*) contient d'autres titres comme *Alice ça glisse*, *Le tourment d'amour* et *Viens dans mon duplex*. On s'en empare volontiers, notamment grâce à son langage givré.

Chacun sa route
David Grammont est né sur l'île de la Réunion et a grandi à Paris. Lors d'un voyage à Londres, il rencontre le dancehall et le raggamuffin et est immédiatement conquis. Sous le pseudonyme de Tonton David, il introduit le reggae en France et le fait connaître à un public plus large. Son premier album, *Le blues des racailles* (1990), trouve un grand écho auprès de la jeunesse française désenchantée. Tonton David aborde des thèmes tels que la pauvreté, le racisme et le chômage. Son plus grand succès est *Chacun sa route*, qui figure sur la bande originale du film français *Un indien dans la ville*. Il l'a coécrite avec Manu Katché et Geoffrey Oryema sous le nom de KOD.

La corrida de Cabrel
L'écriture de cette chanson aura pris 3 ans à Francis Cabrel. En effet, après avoir assisté à une corrida à Bayonne, il s'arrête sur le chemin du retour et enregistre sur son dictaphone ces quelques mots évoquant les pensées du taureau avant de rentrer dans l'arène: « Depuis le temps que je patiente / Dans cette chambre noire / J'entends qu'on s'amuse et qu'on chante / Au bout du couloir. » Ce n'est que 3 ans plus tard qu'il y ajoute le leitmotiv qui sera repris jusqu'à un texte de loi visant l'interdiction des corridas en France : « Est-ce que ce monde est sérieux ? ».

Jackson-Presley
26 mai 1994. L'union entre Michael Jackson et Lisa Marie Presley, fille d'Elvis ne passe forcément pas inaperçue, d'autant que le Roi de la pop est alors dans la tourmente car accusé d'actes pédophiles.

Samedi soir sur la terre

6 avril 1994. Le huitième album de Francis Cabrel, *Samedi soir sur la terre*, sort. Cet opus qui contient les titres *La Corrida*, *La Cabane du pêcheur* ou encore *Je t'aimais, je t'aime et je t'aimerai*, s'installe immédiatement en tête des ventes d'album en France et n'en bougera plus pendant 29 semaines.

MES 18 PREMIÈRES ANNÉES

TOP 10 1994

1. **Francis Cabrel** *La corrida*
2. **The Cranberries** *Zombie*
3. **Crash Test Dummies** *Mmm Mmm Mmm Mmm*
4. **IAM** *Je danse le mia*
5. **MC Solaar** *Nouveau western*
6. **Bruce Springsteen** *Streets of Philadelphia*
7. **Tonton David** *Sûr et certain*
8. **Francky Vincent** *Fruit de la passion*
9. **Wet Wet Wet** *Love Is All Around*
10. **Youssou N'Dour & Neneh Cherry** *7 Seconds*

Open | Search | Scan

Le Zénith

Salle de concert parisienne mythique, le Zénith reste l'un des objectifs de nombreux artistes qui rêvent de s'y produire au moins une fois dans leur carrière. Que dire alors de Patrick Bruel et du trio Fredericks Goldman Jones qui, en 1994, s'y sont produits respectivement 5 et 11 soirs dans l'année, couronnant, pour le premier sa tournée pour l'album *Bruel* et donnant naissance, pour les seconds, à l'album *New Morning au Zénith*.

Sur la route

27 septembre 1994. Jusqu'alors assez peu connu du grand public, le chanteur-compositeur-interprète Gérald De Palmas rencontre un énorme succès commercial avec le titre *Sur la route*. Abordant les thèmes de la liberté, du voyage et de la recherche de soi, la chanson, sortie le 27 septembre entre directement à la 14e place des ventes de single.

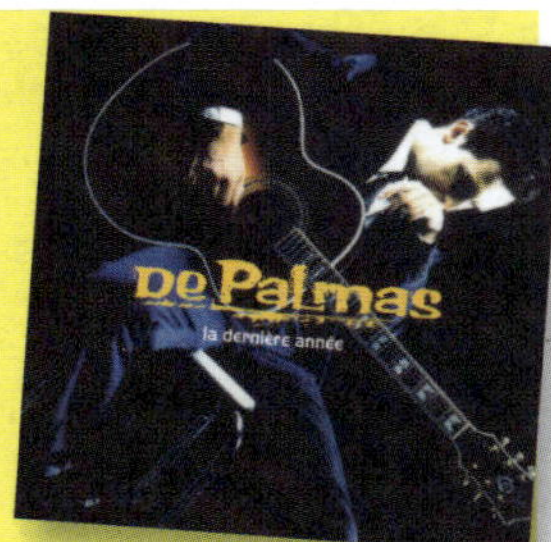

Mangez-moi !

18 octobre 1994. Une chanson évoquant la cueillette de champignons hallucinogènes, au refrain entêtant, débarque sur les ondes françaises. Elle est l'œuvre du groupe Billy Ze Kick et les Gamins en Folie. La chaîne de télévision TF1 décide d'en faire son tube de l'été.

SPORT

André Agassi, une légende du tennis
10 avril 1995. André Agassi affiche un palmarès considérable : 60 titres en simple dont 8 en Grand Chelem. Il sera d'ailleurs le premier, et le seul, à remporter les 7 titres majeurs du tennis mondial. Le 10 avril 1995 il accédera au rang de numéro un mondial du classement ATP.

L'épopée des Barjots
21 mai 1995. Le championnat du Monde masculin de handball se déroule en Islande. La France joue la finale contre la Croatie et décroche son premier titre sur un score de 23 à 19, sous la houlette de Daniel Costantini qui sélectionne Jackson Richardson.

Coupe du Monde de rugby
24 juin 1995. La Coupe du Monde de rugby en Afrique du Sud marque le retour du pays sur la scène internationale après la fin de l'apartheid, et voit en plus les Springboks, l'équipe nationale sud-africaine, remporter le titre en battant les All Blacks néo-zélandais en finale.

Le 5ème Tour d'Indurain
23 juillet 1995. Le Tour de France voit Miguel Indurain gagner pour la 5ème année. Pour couronner le tout, il décroche le titre mondial du contre-la-montre.

Les champions de Göteborg
5-13 août 1995. Les cinquièmes Championnats du monde d'athlétisme se déroulent en Suède et regroupent 1 700 participants de 190 nations. Parmi les faits marquants de cette édition, le cinquième titre mondial consécutif de l'ukrainien Sergueï Bubka au saut à la perche, le troisième consécutif pour l'algérien Nourredine Morceli sur 1 500m, pour l'allemand Lars Riedel au lancer de disque et pour l'américain Dan O'Brien sur le décathlon. A noter également l'apparition du 5 000m féminin qui remplace l'épreuve du 3 000m.

1 JAN 1995
L'Autriche, la Finlande et la Suède rejoignent l'Union Européenne qui compte maintenant 15 pays.

10 FEV 1995
Le Ministre de l'intérieur, Charles Pasqua réclame l'expulsion de 5 agents de la CIA accusés d'espionnage.

7 MAR 1995
Décès de l'explorateur français Paul-Emile Victor (87 ans) sur le Motu Tane à Bora-Bora.

1995

ACTUALITES

Inauguration du pont de Normandie
20 janvier 1995. Véritable prouesse architecturale, le pont inauguré par Edouard Balladur, s'affiche comme un chef d'oeuvre d'ingénierie tant par sa taille que par sa technologie. Long de 2 241 mètres et doté d'une portée principale d'environ 856 mètres, il est considéré alors comme le plus long pont à haubans au monde.

La Cité de la Musique
12 janvier 1995. Sur le parc de la Villette à Paris est inaugurée la Cité de la musique. Conçue par le célèbre architecte Christian de Portzamparc, le lieu a pour vocation de proposer programmation musicale, conférences, expositions et plus tard, un musée de la musique et la Philharmonie de Paris.

C'est à la mode...
... de se déplacer à travers la ville ou de gagner son lieu de travail juché sur des skeelers (patins à roues alignées), c'est à la mode de jouer sur Game Boy, le premier ordinateur de poche de Nintendo, c'est à la mode de faire entendre son brin de voix à l'occasion d'un Karaoke, un divertissement venu de l'Orient. C'est aussi le moment de l'essor du VTT et de la folie du Tamagotchi, cet animal électronique en forme d'oeuf qu'il s'agit d'éduquer.

Chair de poule
23 mars 1995. Des livres horrifiques pour un jeune public, c'est le concept proposé par la collection *Chair de Poule*, *Goosebumps* en version originale. Au total, 74 livres seront publiés en France sur une période de 6 ans, abordant des thèmes comme les fantômes, les momies ou encore les vampires.

Votre argent s'appelle
... blé, oseille, fric, maille. Les termes d'argot ne manquent pas. Le grand public connaît d'ailleurs la plupart de ces mots devenus courants.

6 AVR 1995
L'assassinat du président Ruandais Habyarimana.

22 MAI 1995
Jean Tiberi remplace Jacques Chirac, élu président, au poste de maire de Paris.

20 JUN 1995
Michael Jackson sort le double album *HIStory- Book I* avec les morceaux *Scream* et *Childhood.*

Accords de Schengen
26 mars 1995. La libre circulation de tout citoyen européen est désormais possible dans l'Union Européenne conformément à la convention de Schengen qui met en place l'ouverture des frontières entre les pays européens signataires. Le traité concerne aujourd'hui 27 pays.

Kiss Cool
Un homme, déguisé en lapin, nerveux avant de monter sur scène devant des enfants criant « Le lapin !! Le lapin !! », prend un Kiss Cool pour se rafraîchir et saute sur scène. Problème, ce ne sont pas des enfants mais des chasseurs armés et agressifs qui continuent à crier « Le lapin !! Le lapin !! » Une publicité iconique pour la marque Kiss Cool qui a laissé dans le langage courant l'expression du « double effet Kiss Cool».

Les Curie au Panthéon
20 avril 1995.

Le célèbre couple de chercheurs français, Marie et Pierre Curie, sont récompensés du Prix Nobel de physique en 1903 pour leurs recherches sur les radiations. Marie Curie remportera également le Prix Nobel de chimie en 1911. Marie et Pierre Curie sont décédés respectivement en 1934 et 1906 et voient leurs cendres transférées au Panthéon en 1995.

Bibliothèque Nationale de France
30 mars 1995. Organisme chargé depuis 1537 de collecter et archiver légalement l'ensemble des parutions publiées en France, la Bibliothèque Nationale dévoile ses nouveaux locaux du 13ème arrondissement de Paris sur le site François Mitterrand. A l'intérieur, plus de 7 millions de documents sont stockés et disponibles à la consultation.

Série d'attentats à Paris
La France est frappée par une série d'attentats perpétrés par le Groupe Islamique Armé (GIA) faisant écho à la guerre civile qui frappe l'Algérie. Entre le 11 juillet 1995 et l'assassinat de l'imam cofondateur du Front Islamique du Salut en pleine rue de Paris et le 17 octobre, avec l'attente à la bombe dans le RER, ce ne sont pas moins de 7 actions terroristes qui frappent la capitale. Le bilan : 10 morts et près de 200 blessés.

VOUS SOUVENEZ-VOUS ?

Mobilophone repliable

25 JUL 1995
Attentat à la station RER Saint-Michel à Paris par des islamistes : 8 morts et 92 blessés.

24 AOÛ 1995
Le lancement de Windows 95 de Microsoft.

5 SEP 1995
Reprise des essais nucléaires à Moruroa. 6 tirs sont effectués jusqu'au 27 janvier 1996.

1995

Plan Juppé
15 novembre 1995. Le premier ministre Alain Juppé annonce son plan qui vise à rétablir les comptes de la sécurité sociale sur 2 axes : les retraites et l'Assurance Maladie. Très contestée, la réforme des retraites sera finalement retirée du Plan Juppé, contrairement à celle de la Sécurité Sociale.

Grande cheffe
Hélène Darroze découvre, dans son enfance, les marchés des Landes où son père achète des produits du terroir. Lors d'un stage chez Alain Ducasse, celui-ci l'encourage à faire de la grande cuisine. En 1995, elle reprend l'auberge familiale Chez Darroze à Villeneuve-de Marsan et est élue en décembre 'Jeune Chef de l'Année' par le Guide Champérard et 'Grand de demain' en 1996 par Gault-Millau.

Escargots à la bourguignonne
Les escargots au beurre persillé sont appelés 'escargots à la bourguignonne'. Cette recette de la cuisine paysanne traditionnelle consiste à préparer des escargots cuits avec une crème de beurre et de persil, et à les servir dans leurs coquilles. Ils sont dégustés à l'aide d'un petit pic.

Vous disiez tu ?
En règle générale, on utilise 'vous' quand on parle à un inconnu ou quand l'interlocuteur est plus âgé.

Mars, et ça repart
Un jeune homme qui semble mal digérer une rupture amoureuse au point de vouloir rejoindre les ordres d'un monastère reculé, *My Girls* de Nirvana en fond sonore et une barre chocolatée qui fait finalement reprendre goût à la vie au personnage principal. Voici les ingrédients d'une publicité iconique pour Mars.

L'Ordre du Temple Solaire
23 décembre 1995. Plus de 8 jours après leur disparition, 16 membres de la secte de l'Ordre du Temple Solaire (OTS) sont retrouvés carbonisés dans le massif du Vercors. Suicides communautaires pour les uns, massacre collectif pour les autres, notamment après l'autopsie des corps ayant révélé des traces de balles ou absorption de produits toxiques. En 2 ans et demi, 74 victimes seront recensées.

Jeu de balle velcro

17 OCT 1995
La Française Jeanne Calment (120 ans) devient la personne la plus âgée ayant jamais vécu.

18 NOV 1995
Le lancement de la Renault Mégane qui succède à la Renault 19.

DÉC 1995
2 millions de travailleurs du secteur public déclenchent des grèves contre les projets de réforme de la sécurité sociale.

POLITIQUE

Chirac, Président

17 mai 1995. L'accession à la Présidence par Jacques Chirac résulte d'un long parcours politique de près de 50 ans. 1er ministre sous la présidence Giscard, il fut également maire de Paris, pour 18 ans. Chirac devra attendre l'élection reine. C'est chose faite en 1995 lorsqu'il bat Lionel Jospin, au terme d'une campagne pendant laquelle on lui attribue la fameuse formule « Mangez des pommes ! », en référence au pommier figurant sur ses visuels de campagne.

eBay

3 septembre 1995. Dans la Silicone Valley, un citoyen irano-américain né en France, Pierre Omidyar (photo de gauche), met en vente sur son propre site internet un stylo laser cassé. A son plus grand étonnement, un collectionneur accepte de le lui acheter pour près de 15 dollars. Cela donne l'idée au vendeur de créer un site web permettant de mettre des objets aux enchères : AuctionWeb. Il est vite rebaptisé eBay et devient le site de vente le plus important au monde.

La France dans l'OTAN

5 décembre 1995. Le ministre des Affaires étrangères, Hervé de Charette, annonce que la France reprend sa place au sein du Comité militaire et du Conseil de Défense de l'OTAN. Cette décision fait suite au désengagement de la France en 1966.

Rabin assassiné

4 novembre 1995. Le Premier ministre israëlien Yitzhak Rabin est assassiné par un extrémiste juif qui ne peut pas digérer les accords d'Oslo passés entre Israël et les Palestiniens. Le monde entier exprime son sentiment d'horreur. Conséquence du drame : c'est le conservateur Benjamin Netanyahu qui remporte les élections suivantes. La paix entre Israël et le monde arabe est plus lointaine que jamais.

ACTUALITES INTERNATIONALES

La chute de Srebrenica

11 juillet 1995. Thom Kerremans, le commandant des troupes néerlandaises chapeautées par l'ONU tire la sonnette d'alarme, lorsque les troupes serbes approchent de la ville bosniaque de Srebrenica. Mais rien n'y fait : 8 372 Bosniaques seront massacrés.

1995

DIVERTISSEMENT

100 ans de cinéma
Le cinématographe voit le jour en 1895 grâce aux frères Lumière. Le film *La sortie des ouvriers de l'usine Lumière* donne naissance à une toute nouvelle industrie.

La Haine
31 mai 1995. Le film dramatique réalisé par Mathieu Kassovitz en 1995, célèbre pour son montage en noir et blanc, suit un trio multiethnique de la cité lors d'émeutes nocturnes en banlieue parisienne. Il propulse les carrières de Kassovitz et de l'acteur Vincent Cassel (photo). En 1996 il obtient le César du meilleur film.

Madame Lustucru
Germaine (jouée par Marguerite Dussauchoy), personnage emblématique des publicités de la marque, incarne la tradition française des pâtes Lustucru. Elle rend célèbre la formule « il n'y a pas d'œufs fêlés chez Lustucru ». En 1995, un sondage classe la marque au 6e rang des marques préférées des Français.

La Chaine Météo
21 juin 1995. A 7h, un OVNI débarque sur les chaines de télévision du câble et du satellite : une chaine uniquement dédiée à la Météo. Parmi les animatrices et animateurs qui se sont succédés devant les cartes météo, on note Harry Roselmack ou encore Louis Bodin.

Clap de fin pour Kermitterrand
29 juillet 1995. Le *Bébête Show* s'arrête. Représentant les hommes politiques sous forme de marionnettes animalières (la célèbre grenouille du président Mitterrand, alias 'Dieu') et abordant l'actualité nationale sous forme humoristique, l'émission devient un classique.

Usual Suspects
19 juillet 1995. Ce film est devenu au fil du temps un classique dans le genre thriller. On se fait manipuler par l'époustouflant 'Roger' 'verbal', 'Kint', joué par Kevin Spacey, dans la peau d'un malfrat handicapé aux grandes capacités de narration. Kevin Spacey (photo à droite) obtient l'Oscar du meilleur acteur pour ce film.

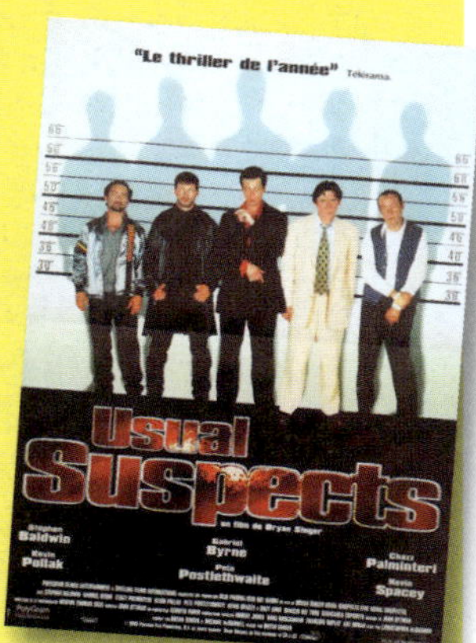

Le corps se décore
Le temps où les tatouages étaient réservés aux corps de rugueux marins est bien terminé; les années 1990 voient de plus en plus de bras, de nuques, d'épaules, de jambes... se couvrir de tatouages de toutes sortes. Et les piercing vont de pair. Un clip video du groupe américain Aerosmith montre l'idole Alicia Silverstone se faire tatouer et se faire apposer un piercing au nombril. Une mode qui sera suivie par d'innombrables jeunes filles, exhibant leur nombril décoré sous une courte chemise. L'oreille, les lèvres, la langue, le nez, les sourcils, les seins, n'échapperont pas à cette mode. D'autres n'hésitent pas à implanter un piercing sur leurs parties intimes, convaincu(e)s de son effet stimulant lors des relations intimes.

La naissance de Windows 95
24 août 1995. Windows 95, un système d'exploitation à interface graphique bien connu, voit le jour. Il représente une avancée majeure par rapport aux versions précédentes, introduisant des éléments tels que le bouton 'Démarrer' et la barre des tâches. C'est le système d'exploitation le plus populaire jamais conçu un an seulement après son lancement.

Des messages tatoués ?
27 septembre 1995. On peut le considérer comme l'ancêtre du SMS. Le Tatoo est un 'service de radiomessagerie' (au même titre que Tam-Tam et Kobby) lancé par France Télécom. Le principe est simple : vous pouvez envoyer, via un opérateur, un message à la personne possédant un pager (ou bip), soit un petit boitier équipé d'un petit écran d'une ligne. Les messages sont alors limités à une série de chiffres permettant d'afficher le numéro de la personne qui cherche à vous joindre (et qu'il faut donc recontacter) ou alors un court message texte.

Sur la route de Madison
6 septembre 1995. Une belle romance entre le photographe Robert Kincaid joué par Clint Eastwood, réalisateur par ailleurs et Francesca Johnson jouée par l'émouvante Meryl Streep. Une histoire racontée à travers les deux enfants adultes de Francesca qui découvrent à son décès cette page de son histoire dans son journal intime.

Adieu Monsieur Zitrone
25 novembre 1995. Le célèbre journaliste, présentateur de télévision et animateur Léon Zitrone décède. Il a marqué l'histoire de la télévision française, par sa présence, son ton enjoué parfois vibrant pris par son enthousiasme. Il est aussi connu pour sa gouaille dans les tiercés ou encore lors des *Intervilles* avec son comparse Guy Lux.

1995

Sortie de la *PlayStation*
29 septembre 1995. C'est en décembre 1994 au Japon qu'une nouvelle entreprise fait son entrée dans le monde des consoles de jeux vidéo alors dominé par Sega et Nintendo. Sony, le géant de l'électronique lance sa *Playstation* et révolutionne le secteur avec une machine à la pointe de la technologie, avec des jeux sur CD Rom et avec une manette totalement novatrice. La *PlayStation* de Sony sera la première console de jeux à passer la barre symbolique des 100 millions d'unités vendues dans le monde et deviendra, au fil des ans, l'une des marques de référence pour les 'gamers'.

Le bonheur est dans le pré
6 décembre 1995. Une comédie farfelue d'Etienne Chatiliez portée par des acteurs parfois inattendus : Michel Serrault, Eddy Mitchell 'Gégé'. Une mini fable sur la vie, ses contraintes et la liberté.

MUSIQUE

Dominique A
15 mai 1995. Dans la première moitié des années 1990, on a parlé d'une « nouvelle scène française ». A la suite d'artistes comme Alain Bashung, Hubert-Félix Thiéfaine et Kat Onoma. Ils s'écartent de la variété classique et utilisent le bouche à oreille pour promouvoir leurs disques et concerts. Les meilleurs exemples sont Mano Solo, Miossec, Arthur H et Thomas Fersen. C'est Dominique A qui est le premier à connaître un réel succès public. Son album *La mémoire neuve* conquiert les charts. Entre mars 1995 et décembre 1996, il donne 130 concerts.

D'eux
3 avril 1995. Le quinzième album de Céline Dion, *D'eux*, connait un succès énorme et immédiat. Ecrit et réalisé par Jean-Jacques Goldman, il est l'album francophone le plus vendu de l'Histoire de la musique, et est certifié disque de diamant en 1995. *Pour que tu m'aimes encore, J'irai ou tu iras, Les derniers seront les premiers* ... Autant de tubes qui sont restés dans l'histoire et qui figurent sur un seul et même album.

Wonderwall
Le groupe britannique Oasis sort son plus grand succès dans l'année 1995, le single *Wonderwall* sur l'album *(What's the Story) Morning Glory?* La chanson n'a pas été écrite pour Meg Mathews, la petite amie de Noel Gallagher à l'époque, selon l'auteur et chanteur. Cette histoire a été inventée par les médias. La chanson parle tout simplement d'un ami imaginaire et merveilleux pour vous sauver de vous-même.

Sardou à l'Olympia
Michel Sardou inscrit son nom en grand sur la mythique devanture de l'Olympia. Au total sur la période, le chanteur français enchaînera pas moins de 113 représentations, toutes jouées à guichets fermés. Cette performance permet aujourd'hui encore à l'auteur des *Lacs du Connemara* d'être le recordman de longévité à l'Olympia.

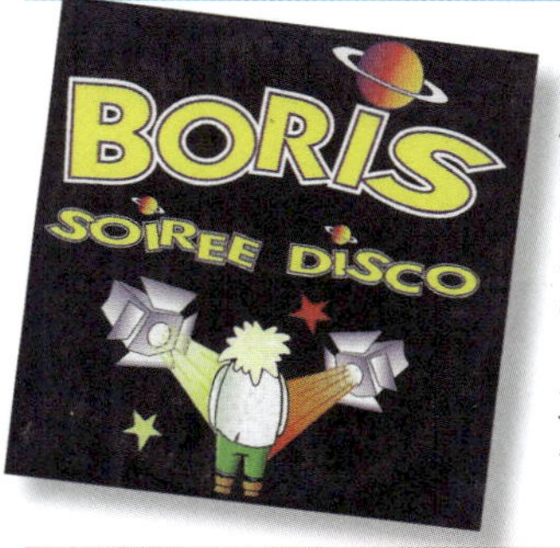

Soirée Disco
Si le nom de Philippe Dhondt est quasiment inconnu, il n'en est pas de même de son nom de scène : Boris. C'est en 1992 au micro de la radio FM Galaxie, que l'animateur et DJ créé son double imaginaire. En 1995 il sort *Boris*, son premier album, sur lequel figure le titre *Soirée Disco*. Le titre explose peu à peu jusqu'à devenir le générique de l'émission *La Fureur du samedi soir*, puis un tube national qui sera certifié Disque d'or.

XXL
19 septembre 1995. Le single *XXL* de Mylène Farmer entre dans le top des charts. Ce grand succès fait suite à une déception tout aussi grande. En 1994, Mylène Farmer joue dans *Giorgino*, un thriller du réalisateur Laurent Boutonnat. Le film est un échec. Farmer se rend à Los Angeles pendant 9 mois en compagnie de Boutonnat et de son partenaire Jeff Dahlgren, qui est également guitariste de rock. Ensemble, ils enregistrent un disque qui met en valeur une Farmer étonnamment rock. *XXL* peut avoir plusieurs significations. Le chromosome XX des femmes et le pronom féminin 'elles' ou la taille *XXL* des vêtements.

Alliance Ethnik
13 novembre 1995. Le hip-hop français déferle. Alliance Ethnik se rend à New York pour enregistrer *Simple & funky*. Le producteur est Bob Power, qui a déjà travaillé avec de grands noms américains comme A Tribe Called Quest, De La Soul et The Jungle Brothers. De grandes ambitions s'avèrent justifiées pour le gang basé à Creil, qui tire son nom des origines diverses de ses membres. Les titres *Respect* et *Jalousie (fais un choix dans la vie)* propulsent l'album à 350 000 exemplaires et sont acclamés au Canada, en Italie et en Suisse. Alliance Ethnik est nommé Groupe de l'année lors des Victoires de la Musique.

Ophélie Winter
La chanteuse franco-néerlandaise Ophélie Winter, fille du chanteur David Winter et égalemen soeur du chanteur Mickaël Winter, sort son premier single, *Dieu m'a donné la foi*. Jusqu'alors connue du grand public pour son rôle d'animatrice de l'émission *Hit Machine* sur M6, elle connait un succès important qui la propulse en tête du Top 50, lui fait remporter un disque d'or et lui ouvre les portes des Victoires de la musique.

MES 18 PREMIÈRES ANNÉES
TOP 10 1995

1. **Alliance Ethnik** *Demi-tour vers le futur*
2. **Andrea Bocelli** *Con te partirò*
3. **Coolio** *Gangsta's Paradise*
4. **Céline Dion** *Je sais pas*
5. **Dominique A** *Le Twenty-Two bar*
6. **Mylène Farmer** *XXL*
7. **Michael Jackson** *You Are Not Alone*
8. **Oasis** *Wonderwall*
9. **Pascal Obispo** *Tombé pour elle*
10. **Ophélie Winter** *Dieu m'a donné la foi*

Open | Search | Scan

Un hit mondial pour Coolio
Gangsta's Paradise du rappeur américain Coolio est un morceau tiré du film *Dangerous Minds*, qui met en scène des jeunes sans avenir des quartiers déshérités des villes américaines. La musique de Coolio lui vaudra un Grammy Award et un succès mondial.

A la conquête du paradis
Conquest of Paradise du compositeur grec Vangelis, connaît un succès mondial. C'est aussi la musique du film *1492 : Conquest of Paradise*, consacré à la vie de Christophe Colomb.

Madonna
Something to Remember est une compilation de ballades de Madonna, agrémentée des inédits : *I Want You* en collaboration avec Massive Attack, *You'll See* et *One More Chance*.

SPORT

Premier titre Olympique
20 Juillet 1996. Le judoka Français obtient la médaille d'or dans la catégorie des poids lourds face à la surprise espagnole, Ernesto Perez Lobo. David Douillet gagne son combat par ippon en 2 minutes, et devient alors le second judoka tricolore à devenir champion olympique dans la catégorie des poids lourds après Angelo Parisi en 1980.

Martina Hingis l'ado-prodige
10 mai 1996. A peine âgée de 15 ans, la joueuse suisse Martina Hingis domine l'allemande Steffi Graf, alors numéro un mondiale. Phénomène de précocité, la joueuse suisse avait remporté à 12 ans Roland Garros Juniors, qu'elle gagnera à nouveau 2 ans plus tard. En 1996, elle gagnera également le premier de ses 25 tournois du Grand Chelem avec sa victoire en double à Wimbledon.

VOUS SOUVENEZ-VOUS ?

Bacardi Breezer

Bjarne Riis gagne le Tour
29 juin 1996. 'L'aigle de Herning', surnom du champion du Danemark sur route 1992, 1995 et 1996, se présente sur le Tour en tant que favori. Avec 2 victoires d'étapes à Sestrières et Hautacam, il confirme son statut et termine l'épreuve en tête du classement, avec presque 2 minutes d'avance sur l'allemand Jan Ullrich et environ 4 minutes 30 secondes d'avance sur le français Richard Virenque. Riis sera destitué de son trophée en 2007 pour des aveux de dopage.

Victoire de l'Allemagne
30 juin 1996. La 10ème édition du championnat d'Europe de football voit s'affronter en finale, l'équipe allemande face à la sélection tchèque, tombeuse de la France aux tirs aux buts en demi-finale, sur la pelouse de Wembley. Si les tchèques ouvrent le score sur pénalty à la 59ème, les allemands retournent le match en 20 minutes avec un doublé de l'attaquant Oliver Bierhoff qui marque à la 73ème, puis à la 95ème minute, inscrivant le but en or.

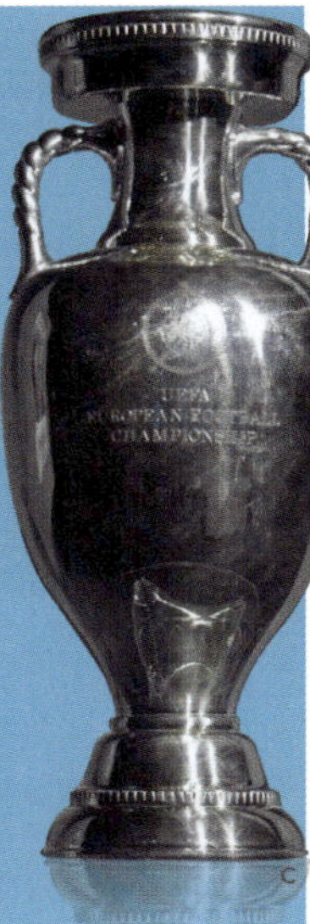

8 JAN 1996
Le décès de l'écrivain français Paul Vialar, connu pour son roman *La Rose de la mer*.

7 FEV 1996
Une tempête se déclenche avec des rafales dépassant les 180 km/h.

25 MAR 1996
Le chanteur Johnny Hallyday épouse Laeticia devant le maire de Neuilly s/Seine, Nicolas Sarkozy.

Doublé de Marie-José Pérec
19 juillet 1996. Sur sa belle lancée des Jeux Olympiques de Barcelone en 1992 (médaille d'or sur 400m) et de son titre mondial la même année sur 200m, l'athlète française se présente au JO d'Atlanta avec de grandes ambitions. Pari réussi, puisqu'elle s'offre 2 médailles d'or sur 400m et sur 200m. La guadeloupéenne est la première athlète, hommes et femmes confondus, à remporter le titre sur 400m lors de 2 JO consécutifs et à ce jour, la seule française triple championne olympique en athlétisme.

Le cancer de Lance Armstrong
8 octobre 1996. Le coureur cycliste américain Lance Armstrong s'avère très prometteur. Mais quelques mois après sa victoire dans la Flèche Wallonne en Belgique, on lui décèle un cancer des testicules, qui a développé des métastases. A la surprise générale, Armstrong guérit. Il reprend ensuite place dans le peloton, avec succès. Un an plus tard, il lance une fondation de lutte contre le cancer. La suite sera moins reluisante : après avoir reconnu s'être dopé des années durant, il se verra retirer ses 7 victoires dans le Tour.

D

ACTUALITES

E

Décès de François Mitterand
18 janvier 1996. Atteint d'un cancer, François Mitterand s'éteint à l'âge de 79 ans. Né en Charentes, ancien prisonnier des stalags allemands suite à sa capture en 1940, il aura mené une vie dédiée à la politique. La signature du Traité de Maastricht, l'abolition de la peine de mort ou encore l'engagement de la France dans la guerre du Golfe resteront des moments clés de son règne, au même titre que les révélations sur sa vie privée ou l'Affaire du Rainbow Warrior.

1996 en Bordeaux
Une parfaite maturité du cabernet-sauvignon. Les vins du Médoc sont pleins, amples, aromatiques. Les Pomerol, St-Emilion et Graves sont de qualité plus irrégulière. Les vins blancs secs sont magnifiques et complexes.

Une nuit pour basculer !
18 octobre 1996. France-Télécom bascule ses 32,5 millions d'abonnés sur 10 chiffres au lieu de 8. Le précédent basculement a eu lieu le 25 octobre 1985 pour passer de 6 à 8 numéros.

26 AVR 1996
Le GIA (Groupe Islamique Armé) veut échanger 7 moines enlevés contre des prisonniers islamistes.

19 MAI 1996
Le pilote français Olivier Panis remporte le GP de Monaco de Formule 1 au volant d'une Ligier.

26 JUN 1996
Le president égyptien Moubarak échappe à un attentat islamiste en Ethiopie. L'Egypte accuse le Soudan.

Arrêts des essais nucléaires
29 janvier 1996. C'est sous la présidence du Général de Gaulle que le 1er essai nucléaire français, Gerboise bleue a lieu le 13 février 1960 dans le Sahara. Les essais seront alors délocalisés en Polynésie française à partir de 1966, avec une première explosion à Mururoa. Au total, 193 essais seront effectués dans les îles du Pacifique. Le 29 janvier, le Président Jacques Chirac annonce la fin des essais nucléaires par la France.

L'Orangina Rouge
La célèbre boisson gazeuse française à base d'orange, connue par la forme si caractéristique de sa bouteille, lance une déclinaison. Ce sera l'Orangina Rouge, à base d'orange sanguine et de guarana. D'une couleur rouge vif, avec une campagne de communication incisive et décalée - « Mais pourquoi est-il aussi méchant ? Parce que ! » - l'Orangina Rouge devient un phénomène de l'année 1996.

Near Shoemaker
14 février 1996.
La mission Near Shoemaker est la 1ère du programme Discovery à l'initiative de la NASA -agence spatiale américaine - pour étudier les astéroïdes, débris issus de la formation du système solaire proches de la Terre. Son but est la mise en orbite puis l'atterrissage d'une sonde de 800 kg autour et sur l'astéroïde 433 Eros. L'objectif est atteint le 14 février 2000 pour une étude qui durera une année. Environ 160 000 images auront été capturées par cette sonde spatiale qui sera la première à être entrée en orbite autour d'un astéroïde et à se poser sur son sol.

Une Française dans l'espace
17 août 1996. Claudie André-Deshays, épouse Haigneré, devient la première femme française à partir dans l'espace à bord de la station russe Mir. Elle y restera 16 jours pour effectuer des expériences médico-physiologiques, techniques et biologiques.

Les chaussures Buffalo
Créée en 1979 à Cologne, la marque Buffalo Boots connait une vraie renaissance au milieu des années 90 avec ses chaussures si facilement identifiables. Des talons compensés de 10cm de hauteur avec motifs intégrés, placés sous une basket de couleur vive, voilà la chaussure qui a fait fureur dans les cours de lycée en 1996.

15 JUL 1996
Séisme d'Épagny-Annecy de magnitude 5,3 en France.

13 AOÛ 1996
En Belgique, le tueur en série Marc Dutroux est arrêté.

3 SEP 1996
Déclenchement de l'opération Desert Strike contre l'Irak lors du conflit Kurdo-Irakien.

1996

Attentat Station RER Port Royal
3 décembre 1996. En pleine heure de pointe, une explosion se produit dans une rame du RER à la gare Port Royal faisant 4 morts et 91 blessés. Le plan Vigipirate est mis en place. La bonbonne de 13 kg est de la même veine que les 8 bombes posées sur le sol français en 1995. Le 23 décembre, une lettre du Groupement Islamique Armé envoyée au chef de l'État confirme la piste islamique qui menace la poursuite des massacres et des tueries si Paris ne cesse pas son soutien à Alger et ne favorise pas la libération de l'ancien chef du G.I.A, Abu Adlan Abdelhaq Layada détenu en Algérie.

Loi Robien sur l'emploi
11 juin 1996. La loi votée à l'initiative du député Gilles de Robien a pour but de favoriser l'emploi par l'aménagement et la réduction conventionnelle du temps de travail des salariés d'une entreprise. Cette loi sera cependant non-reconduite lors du passage de la réforme des 35h.

POLITIQUE

Réforme du Service Militaire
22 février 1996.
Le Président de la République Jacques Chirac suspend le service national par souci d'économies en 1996 au profit de la professionnalisation de l'armée. Mise en place d'un service volontaire d'une durée de 1 à 6 ans.

ACTUALITES INTERNATIONALES

Sarajevo en paix ?
19 mars 1996. Les accords de paix de Dayton doivent permettre aux Bosniaques de culture musulmane, Serbes et Croates, de vivre en paix en Bosnie et Herzégovine. Les casques bleus de l'ONU sont chargés de veiller sur le fragile accord censé ramener la paix.

L'abracadabrantesque cassette
24 mai 1996. C'est dans les locaux de la société de production Sunset Presse que Jean-Claude Méry prend place afin de faire un enregistrement vidéo de ses confessions en tant que financier des opérations occultes du Rassemblement pour la République (RPR). Ce sont ces faits présents sur la « cassette Méry » qui serviront d'éléments à charge dans l'affaire des HLM de Paris, et qui seront qualifiés par Jacques Chirac d'« abracadabrantesques ».

22 OCT 1996
Le pape Jean-Paul II reconnait l'existence et la véracité d'une théorie de l'évolution.

23 NOV 1996
Les cendres du politicien et écrivain André Malraux sont transférées au Panthéon, 20 ans après son décès.

13 DÉC 1996
Le Ghanéen Kofi Annan devient secretaire-général de l'ONU.

La vache folle
20 mars 1996. Depuis 1994, 10 citoyens britanniques sont morts de la maladie de la 'variante Creutzfeld-Jakob'. Les personnes atteintes de cette agression cérébrale sont victimes de démence, de perturbations de l'équilibre, ou encore de convulsions et décèdent souvent dans l'année. Pour la première fois, un lien est établi entre cette maladie et l'absorption de viande de bovins atteints de la 'maladie de la vache folle'.

L'affaire Dutroux
20 octobre 1996. Les tribulations judiciaires de l'affaire Marc Dutroux dépassent les frontières de la Belgique, où il a sévi. Ses forfaits concernent l'enlèvement et le meurtre de plusieurs jeunes filles. Le 20 octobre, 300 000 personnes se rassemblent à Bruxelles pour revendiquer une meilleure protection des enfants.

Eltsine président en Russie
3 juillet 1996. Boris Eltsine l'emporte avec 54% des votes devant le candidat communiste.

Naissance de Dolly
5 juillet 1996. Des scientifiques écossais réussissent à cloner un mouton, à partir d'une cellule prélevée sur un mouton adulte. Le nouveau-né est prénommé Dolly. La cellule prélevée provient en effet d'une cellule mammaire de l'un des moutons prélevés et les scientifiques ont instantanément pensé à la poitrine opulente de la chanteuse américaine Dolly Parton.

DIVERTISSEMENT

Se7en
31 janvier 1996. Ames sensibles s'abstenir. Un tueur en série psychopathe planifie méthodiquement ses meurtres en lien avec les 7 péchés capitaux. Deux enquêteurs joués par Brad Pitt et Morgan Freeman tentent d'arrêter le massacre.

Graines de Star
2 février 1996. C'est une émission quotidienne qui passe le vendredi soir, de type radio-crochets présentée par Laurent Boyer. 3 candidats s'affrontent dans 5 catégories. De nombreuses futures stars défilent.

1996

Sous le soleil
13 mars 1996. Une 'soap opéra' diffusée dans le monde entier sous le nom *Saint Tropez*. Le synopsis : le parcours professionnel et amoureux de 3 jeunes femmes.

L'or à l'appel
25 mars 1996. Diffusée sur TF1 et présentée par Vincent Lagaf, cette émission voit s'affronter 2 équipes de candidats sur une série d'épreuves loufoques dans le but de dévoiler un numéro de téléphone. L'équipe qui arrive à dévoiler le numéro en question doit alors l'appeler pour tenter de gagner la cagnotte.

Télé par satellite
Le 27 avril pour Canal Satellite, le 16 décembre pour TPS. L'année 1996 voit débarquer sur les postes de télévision les 2 premiers bouquets de télévision numérique par satellite. Les 2 modifient en profondeur les usages et l'accès à la télévision pour les Français.

Trainspotting
13 mai 1996. Réalisé par Danny Boyle, le film suit la vie tumultueuse de Mark Renton (Ewan McGregor) et de ses amis toxicomanes à Édimbourg, offrant un regard brut et intense sur la dépendance, l'amitié et la lutte pour la survie. Basé sur un livre d'Irvine Welsh, le film et sa bande originale composée de morceaux de la scène alternative (Lou Reed, Iggy Pop, New Order, Pulp, Blur) sont un succès mondial.

Pédale Douce
27 mars 1996. L'histoire suit les péripéties de Adrien, un homme d'affaires, qui feint l'homosexualité pour éviter d'épouser la fille de son associé, déclenchant une série de quiproquos hilarants et de situations comiques. Le film évoque le sujet de l'homosexualité, sujet alors encore peu traité dans les œuvres grand public.

Le huitième jour
22 mai 1996. Un film singulier et un pari osé, la rencontre entre un homme au bord du burn-out, Harry joué par Daniel Auteuil et Georges (Pascal Duquenne), un jeune homme trisomique en cavale qui veut retrouver sa maman.

La carte au trésor
6 août 1996. Présentée à ses débuts par Sylvain Augier, l'émission fait voyager les téléspectateurs dans toutes les régions de France. Un énorme jeu de piste se déroule sur les écrans de France 3, montrant les candidats résoudre des énigmes, toutes liées au territoire et au patrimoine français, solliciter les passants et se déplacer en hélicoptère afin de mettre la main sur un trésor fictif.

Independance Day
2 octobre 1996. D'énormes et menaçantes soucoupes volantes font leur apparition dans plusieurs endroits du monde, se stationnant puis détruisant des monuments historiques emblématiques. Pour combattre les envahisseurs venus de l'espace, un attelage composé d'un informaticien (Jeff Goldblum), d'un militaire (Will Smith) et du Président des Etats-Unis (Bill Pullman) aux commandes de leurs avions de combat.

Mission Impossible
23 octobre 1996. « Votre mission, si toutefois vous l'acceptez…», la fameuse phrase entendue par les agents de la cellule Mission Impossible en début d'épisode, passe du petit au grand écran. Sous la caméra de Brian De Palma, Tom Cruise, Emmanuelle Béart, Jon Voight et Jean Reno incarnent les agents secrets en charge de remplir cette fameuse mission impossible. Ce film est la première adaptation cinéma de la célèbre série télévisée de la fin des années 80.

Xena la guerrière
2 novembre 1996. La série nous plonge dans l'Antiquité et la mythologie. Xena lutte pour le bien et la paix, combattant des guerriers, des dieux, des démons. Elle voyage en compagnie de son barde Gabrielle.

Chambourcy, oh oui !
Spécialisée dans les yaourts et produits laitiers, l'entreprise fusionne avec la Roche aux Fées en 1988 et prend le leadership en formant le groupe sous le nom de Chambourcy. En 1996, Nestlé rachète la marque à son tour et cesse de l'exploiter.

chambourcy®

Un air de famille
6 novembre 1996. Dans ce film la famille Ménard se réunit dans le bar Au Père tranquille tenu par Henri (Jean-Pierre Bacri), le fils ainé. La réunion de famille va doucement virer au règlement de compte.

iMac G3

101 Dalmatiens
18 novembre 1996. Il y avait déjà eu la version animée de 1961 qui racontait l'histoire d'une très grande famille de dalmatiens échappant aux manœuvres de la terrible Cruella d'Enfer, prête à tout pour se faire des chiens un grand et beau manteau de fourrure. En 1996, les studios Disney décident de passer au film classique, avec de vrais chiens, Glenn Close dans le rôle de Cruella et Jeff Daniels dans celui de Roger.

1996

Une femme d'honneur
21 novembre 1996. Isabelle Florent, mère de famille et sous-officier de la gendarmerie d'Auxerre, arrive sur les écrans de TF1. Interprété par Corinne Touzet, le personnage rencontre un beau succès. La série coïncide avec la féminisation de la gendarmerie commencée en 1983.

Ciao l'artiste !
19 décembre 1996. Marcello Mastroianni, l'immense acteur italien tire sa révérence à 72 ans. Parmi les films qu'il a interprétés, on cite : *La Dolce Vita*, *Huit et demi*, *Divorce à l'italienne*, *Une journée particulière*, *Nous nous sommes tant aimés* et *Casanova*.

Félix Potin, on y revient
Créée en 1844, dotée de ses propres usines, la chaine compte 1 200 points de vente en 1957 quand un repreneur transforme le tout en supérettes. Mal gérée, l'enseigne commence alors à décliner et disparait en 1996.

felix potin

Boys band
27 septembre 1996. Dans un article du quotidien *Le Parisien*, le terme « boys band » apparaît pour la première fois. 2Be3 et G-Squad reflètent des phénomènes étrangers populaires tels que Backstreet Boys, Boyzone et *NSYNC. Comme ces derniers, ils portent des vêtements moulants et ouverts qui mettent bien en valeur leurs corps entraînés, et sont très exigeants en matière d'harmonie, de chant et de chorégraphie. Les chansons s'adressent à un public jeune et féminin. Boys band acquiert rapidement une connotation péjorative. En effet, il s'agit le plus souvent de constructions conçues par des producteurs astucieux.

MUSIQUE

La « french touch »
Le journaliste britannique Martin James utilise le terme « french touch » dans une critique de *Super discount*, le premier album

du DJ et producteur Etienne de Crécy. L'appellation devient l'indicatif de la house music punitive et innovante qui vient de France. Elle regorge de talents. Des noms comme Air, Cassius, Daft Punk, Alex Gopher, Laurent Garnier et Motorbass trouvent un écho international.

Les Spice Girls
8 juillet 1996. Les 5 pulpeuses chanteuses formant les Spice Girls, dont Victoria Beckham, enchantent des millions de jeunes femmes, sous la bannière 'girl power', une expression du féminisme, qui place la complicité entre femmes au-dessus de tout. Le premier morceau se leur premier album, *Wannabe*, connaît un succès mondial.

Papa est un gangster
Chanson du rappeur français Stomy Bugsy sortie en 1996, *Mon papa à moi est un gangster* raconte, du point de vue d'un enfant, l'histoire d'un père qui évolue dans le monde criminel. Gilles Duarte (de son vrai nom) y aborde les thèmes de la réalité urbaine, de la criminalité, et des défis sociaux. Le morceau contribuera grandement à la renommée du rappeur français et de son collectif du Ministère A.M.E.R.

Groove, folk et spleen
Fille d'immigrés haïtiens, Teri Moïse naît à Los Angeles. Ses oncles André et Claude Pasquet du groupe Magnum Band, sont déjà des musiciens reconnus. Elle se fait connaître grâce à son premier single, Les *Poèmes de Michelle* issu de son album éponyme sorti en 1996. Teri Moïse s'inspire de la musique afro-américaine, mais interprète ses chansons en français. Son style est décrit comme « un mélange de *groove*, de poésie folk et de spleen aérien ».

2Pac éliminé
7 septembre 1996. Le rappeur américain Tupac Shakur, aussi connu sous le nom 2Pac, est tué lors d'un 'drive-by shooting' à Las Vegas. Son quatrième album solo, *All Eyez on Me* avec *California Love*, est orienté vers une mentalité de gangster. Il commence à se lasser du hip-hop et tourne les films *Bullet* et *Gridlock'd* en 1996.

Tournée annulée
15 juin 1996. En plein concert à la Halle Tony-Garnier de Lyon, Mylène Farmer fait une grave chute qui la force à annuler la suite de sa tournée. Alors qu'elle est suspendue à une plateforme rappelant la locomotive de l'un de ses clips (*XXL*), un danseur fait malencontreusement basculer la structure et provoque la chute de la chanteuse. Emmenée inconsciente à l'hopital et opérée d'urgence, elle restera hospitalisée pendant 5 jours.

Killing Me Softly
Captain Jack a un grand succès 'euro-dance' avec le titre éponyme. La reprise de 1996 *Killing Me Softly With His Song* des Fugees et *I Can't Help Myself* de la Kelly Family apportent le calme sur la piste de danse.

MES 18 PREMIÈRES ANNÉES
TOP 10 1996

1. **Boris** *Soirée disco*
2. **Etienne de Crécy** *Prix choc*
3. **Céline Dion** *Le ballet*
4. **Fool's Garden** *Lemon Tree*
5. **Fugees** *Killing Me Softly With His Song*
6. **Khaled** *Aïcha*
7. **Los del Rio** *Macarena*
8. **Joan Osborne** *One Of Us*
9. **Reciprok** *Libre comme l'air*
10. **Spice Girls** *Wannabe*

Open | Search | Scan

Mireille
29 décembre 1996. La chanteuse Mireille décède à Paris. C'est elle qui introduit le swing dans la culture en France. Sa carrière de compositrice décolle quand ses chansons sont interprétées par Maurice Chevalier et Jean Sablon. Elle enregistre des opérettes disquées, comme *Ce petit chemin, Le Vieux Château* ou *C'est un jardinier qui boite.* Mireille a composé plus de 600 chansons.

Aïcha

Lorsqu'en 1996, sur le plateau de l'émission *Envoyé Spécial*, Khaled rencontre Jean-Jacques Goldman, ce dernier lui demande ce dont il aurait envie de parler dans une potentielle collaboration entre les 2 artistes. La réponse sort en août 1996 sous la forme d'un single et d'un titre : *Aïcha.* La chanson est immédiatement un tube, donne au chanteur algérien une aura internationale et sera classée disque de diamant.

La Macarena
La France n'échappe pas à la vague du single de Los del Rio qui se vend à 910 000 exemplaires et reste en tête des ventes pendant 7 semaines. Si *La Macarena* est le tube de l'été 1996, c'est également grace à la chorégraphie créée par Mia Frye qui accompagne la chanson et qui animera les campings de France pendant de longues semaines.

SPORT

Kuerten remporte Roland-Garros
8 juin 1997. C'est lors de la finale 'homme' de Roland-Garros 1997 que le grand public découvre le sourire de celui que l'on surnommera 'Guga'. Gustavo Kuerten, joueur de tennis brésilien alors âgé de 20 ans, vient à bout de Sergi Brugera, l'espagnol double vainqueur du tournoi parisien, en 3 sets seulement (6-3, 6-4, 6-2). Il est le premier brésilien à remporter ce tournoi du Grand Chelem. Il le gagne 2 autres fois parmi les 20 trophées glanés lors de sa carrière. Guga fera ses adieux au tennis professionnel en 2008 lors du tournoi de... Roland-Garros.

Le Ballon d'Or de Ronaldo
Ronaldo remporte le Ballon d'Or 1997 devant Mijatovic et Zidane. Cette récompense vient couronner une saison exceptionnelle qui l'aura vu marquer 62 buts en 66 matchs, dont l'unique but de la finale de Coupe des Coupes à Rotterdam contre le Paris Saint Germain.

A

La revanche de Holyfield
27 juin 1997. Organisé par l'inévitable Don King, le combat de l'année opposant Mike Tyson à Holyfield voit contre toute attente, Holyfield remporter le combat au 11ème round. La revanche a lieu à Las Vegas avec un Mike Tyson piqué dans son orgueil et survolté. Alors que le combat n'en est qu'au 3ème round, Tyson s'approche de son adversaire, lui mord l'oreille et en arrache un bout !

B

'L'Ogre de Rostock' remporte le Tour
27 juillet 1997. L'allemand Jan Ullrich remporte le Tour, devant le Français Richard Virenque, revêtu par ailleurs du maillot vert. L'équipier a devancé son chef de file et favori de l'épreuve, le danois Bjarne Riis.

VOUS SOUVENEZ-VOUS ?

Lecteur de DVD

1 JAN 1997
On relève jusqu'à 30 centimètres de poudreuse dans les rues de Grenoble au début de l'année.

19 FEV 1997
Le dernier grand révolutionnaire chinois, Deng Xiaoping (92 ans), meurt.

6 MAR 1997
La peinture de Picasso, *Tête de Femme*, est volée dans une galerie à Londres et retrouvée une semaine plus tard.

1997

Tiger Woods
13 août 1997. Agé de 22 ans seulement, l'Américain Tiger Woods devient le plus jeune vainqueur du Masters de golf. Il accède vite au statut de vedette de la discipline et devient numéro 1 du classement mondial. En 1999, il remportera 8 tournois faisant de lui le vainqueur du championnat PGA.

Laurent Brochard champion du monde
12 octobre 1997. On peut commencer l'année avec une hernie discale et la terminer en tant que champion du monde. Le cycliste français Laurent Brochard le prouve lorsqu'il remporte son titre de champion du monde de cyclisme sur route à San Sebastian. A noter que quelques mois plus tôt, Brochard a également remporté la neuvième étape du Tour de France. Laurent Brochard remporte également le titre de champion du monde sur route, en contre-la-montre cette fois.

Une vitesse diabolique
15 octobre 1997. Le pilote de chasse britannique Andy Green établit un record du monde de vitesse sur terre. Le 15 octobre dans le désert du Nevada, sa Thrust SSC franchit le mur du son en atteignant 1 228 km/h.

ACTUALITES

2.000 oeuvres d'art volées
28 janvier 1997 La Cour des Comptes l'affirme : plus de 2.000 œuvres détenues par des musées français seraient en réalité volées par les nazis. C'est le cas du tableau de Chagall, *Le Père*, qui a dû attendre jusqu'en 2022 pour être restitué à la famille de son propriétaire en Pologne, alors qu'il figurait dans les collections nationales depuis 1988.

1 AVR 1997

Dérégulation du transport aérien européen. Les vols à bas prix s'annoncent.

11 MAI 1997

L'ordinateur IBM 'Deep Blue' bat Garry Kasparov, champion du monde d'échecs.

17 JUN 1997

Création du Mouv', la radio jeune du groupe Radio France.

Cabines téléphoniques
À l'apogée du service, au tournant 1997-1998, 241 000 publiphones sont en place en France. 60 % des cabines ont disparu depuis 1997. La croissance de la téléphonie mobile reste le facteur majeur de la baisse d'utilisation. À Paris, la dernière cabine est démontée en juin 2017.

Doyenne de l'humanité
4 août 1997. Née le 21 février 1875, Jeanne Calment détient le record de la personne ayant vécu le plus longtemps. Du haut de ses 122 ans 5 mois et 14 jours, elle est la doyenne de l'humanité.

VOUS SOUVENEZ-VOUS ?

Cabine téléphonique

Les dernières 'Gueules jaunes'
30 juillet 1997. C'est à Audun-le-Tiche que la dernière mine de fer de France cesse son activité. C'est le dernier bastion des mines de fer de Lorraine qui, dans les années 60, comptaient 56 mines pour 24.000 emplois.

Lady Di perd la vie à Paris
31 août 1997. Alors en weekend avec son concubin, le milliardaire égyptien Dodi Al-Fayed, Lady Di succombe à un accident de voiture sous le pont de l'Alma à Paris. Cherchant à fuir les paparazzis qui les harcèlent depuis plusieurs heures, le couple aurait demandé à leur chauffeur d'accélérer la cadence. Mais en voulant éviter une voiture sur leur trajet, la Mercedes s'encastre sur le 13ème poteau du tunnel tuant sur le coup Al-Fayed et son chauffeur et laissant Lady Di dans le coma. Emmenée à l'hôpital, elle décédera quelques heures plus tard.

4 JUL 1997
Le Mars Pathfinder atterrit sur Mars et y dépose le robot explorateur Sojourner.

30 AOÛ 1997
Dernière émission du *Club Dorothée* destiné aux jeunes, sur TF1.

8 SEP 1997
L'accident ferroviaire de Port-Sainte-Foy en Dordogne coûte la vie à 13 personnes.

1997

Jean-Paul II en France
19 - 24 août 1997. Organisées à Paris, les 12ème Journées Mondiales de la Jeunesse accueillent plus de 1 200 000 fidèles en présence du Pape Jean-Paul II.

Le procès de Papon
8 octobre 1997. Maire, Préfet de Police de Paris, Député et même Ministre sont autant de fonctions qu'aura occupé Maurice Papon. Cependant, son nom restera dans les mémoires pour son procès pour complicité de crimes contre l'humanité concernant l'arrestation et la déportation de Juifs vers le camp d'extermination d'Auschwitz entre 1942 et 1944 lorsqu'il était en poste à la Préfecture de Gironde. Maurice Papon sera condamné à 10 ans de prison, mais sera libéré en septembre 2022 pour raison de santé.

La JAPD remplace le service militaire
28 octobre 1997. Le service militaire était l'un des passages obligés. Avec la JAPD, plus de maniement des armes ni de garde-à-vous, mais une journée de présentation de l'armée.

TGV Paris - Bruxelles
10 décembre 1997. Si depuis le XIXe siècle, les deux capitales sont reliées par le rail, il fallait à l'époque plus de 12 heures pour effectuer le voyage en train. Il faut attendre jusqu'en 1997, pour que la liaison entre les 2villes soit totalement éligible à la grande vitesse.

POLITIQUE

Dissolution de l'Assemblée Nationale
21 avril 1997. Alors que le mandat du Président de la République dure 7 ans, celui des députés dure 5 ans. Les deux élections n'étant pas alignées, Jacques Chirac décide de renforcer sa majorité et donc le pouvoir du Premier Ministre Alain Juppé en prononçant la dissolution de l'Assemblée Nationale. Provoquant des élections législatives anticipées, cette manœuvre est qualifiée par le politologue Jean-François Probst de « l'une des plus grandes cagades que la science politique puisse offrir pour les cent prochaines années ».

26 OCT 1997
Jacques Villeneuve devient le 1er Canadien champion du monde de F1 au volant d'une Williams-Renault.

8 NOV 1997
Suspension de la conscription en France pour tous les jeunes nés après 1979.

3 DÉC 1997
121 pays signent un traité contre l'utilisation et la production de mines terrestres à Ottawa.

ACTUALITES INTERNATIONALES

La comète Hale-Bopp
1er mars 1997. Ceux qui observent la voûte céleste peuvent apercevoir à l'oeil nu une comète très brillante. Baptisée Hale-Bopp, du nom des 2 observateurs qui l'ont découverte, elle mesure en moyenne 40 kilomètres et assure un véritable spectacle dans le ciel nocturne. Au Moyen-Age, période pendant laquelle la comète avait été observée pour la dernière fois, elle était considérée comme un mauvais présage. Si cette interprétation n'est plus de mise, l'apparition de la comète en 1997 entraîne toutefois le suicide de 39 membres de la secte américaine Heaven's Gate le 26 mars.

La dynastie Kabila
17 mai 1997. Des rebelles avec à leur tête Laurent-Désiré Kabila envahissent la capitale du Zaïre (ex-Congo belge) Kinshasa, alors que le président Mobutu a pris la fuite à l'étranger. Kabila restera président jusqu'à sa mort violente, survenue au cours d'une tentative avortée de coup d'Etat en 2001. Son fils Joseph lui succèdera.

Hong Kong rétrocédé à la Chine
1er juillet 1997. Le Royaume-Uni rétrocède Hong Kong à la République populaire de Chine.

Transfert du 'Che' à Cuba
13 juillet 1997. Les restes de Che Guevara sont transférés à Cuba. L'ex-révolutionnaire reposera parmi ses camarades.

Tamagotchi
A la base, l'idée était de proposer une alternative aux personnes n'ayant pas la possibilité d'avoir un animal de compagnie. Le tamagotchi est un petit boitier doté d'un écran et de quelques boutons et dont le but est de nourrir et éduquer un animal virtuel.

Le drame de Renault Vilvorde
31 juillet 1997. La chaîne de montage Renault installée dans la région de Bruxelles ferme ses portes, faisant perdre leur emploi à 3 000 personnes. Le patron de Renault, le Français Louis Schweitzer justifie cette décision par des salaires élevés et une situation géographique défavorable de l'usine.

Le Protocole de Kyoto
11 décembre 1997. A Kyoto, au Japon, 84 pays signent un accord sur le climat. Son texte prévoit que les pays industriels réduiront fortement leurs émissions de gaz à effet de serre, à l'origine du réchauffement climatique. Le protocole ne sera finalement ratifié qu'en 2005 et n'apparaîtra pas suffisamment ambitieux pour réellement combattre le phénomène climatique.

1997

Napoléon VI
3 mai 1997. Le prince Louis Napoléon Bonaparte décède à Genolier, en Suisse. Le chef de la Maison impériale française désigne son petit-fils Jean-Christophe comme nouveau prétendant bonapartiste au trône impérial français.

Google
15 septembre 1997. Deux étudiants de l'université californienne de Stanford, Larry Page et Sergey Brin, mettent au point un système destiné à faciliter les recherches sur internet. Il suffit dès lors de taper un terme de recherche sur leur site : les serveurs programmés par Page et Brin parcourent aussitôt internet à la recherche des pages web liées à la recherche. Les résultats sont soigneusement répertoriés sur l'écran. Les deux hommes enregistrent leur système de recherche le 15 septembre sous le nom de domaine google.com. Il s'inspire du terme mathématique anglophone « googol » (gogol en français) qui fait référence au chiffre 1, suivi de cent zéros.

DIVERTISSEMENT

Disney Channel
22 mars 1997. La célèbre marque aux grandes oreilles décide d'investir les petits écrans en lançant sa chaîne de télévision Disney Channel. « La télé bien allumée » est alors disponible via les bouquets Canalsatellite et Numéricable et propose du contenu 100% Disney en continu.

La vérité si je mens
30 avril 1997. Dans ce film on observe l'ascension d'Eddie Vuibert joué par Richard Anconina dans un environnement juif, alors qu'il ne l'est pas du tout. Quiproquos, caricatures, effets de manche, c'est une joyeuse comédie.

Fan De
15 février 1997. La France découvre l'émission *Fan De*, présentée par Séverine Ferrer. Au programme de ce nouveau format proposé par M6 chaque samedi matin, le tour des stars et de l'actualité musicale de l'époque, et donc une bonne dose de boys band. Par la suite l'émission élargira ses sujets aux domaines du cinéma, de la télévision et des 'people'.

Didier
29 janvier 1997. Jean-Pierre Bacri, un agent de footballeur décide de garder le chien d'une amie, mais pendant la nuit, ce chien prendra forme humaine (celle d'Alain Chabat), tout en gardant son comportement canin, mais en montrant de belles qualités de joueurs de foot qui l'amèneront à devenir l'un des titulaires d'une équipe. Voilà donc pour le synopsis de *Didier*, film réalisé par Alain Chabat. A noter que le chien figurant dans le film est celui d'un grand nom du PSG, le brésilien Ricardo.

Le Cinquième Elément

7 mai 1997. Présenté à Cannes le jour de sa sortie nationale, *Le Cinquième Elément* est la concrétisation d'une idée que Luc Besson, le réalisateur, avait en tête depuis le lycée. Sur l'écran, une histoire de science-fiction sur fond d'extraterrestres, de messie et de fin du monde. En coulisse, les costumes ont été confiés à Jean-Paul Gaultier et l'univers visuel au dessinateur Moebius.

Gianni Versace assassiné

15 juillet 1997. Un beau matin, alors qu'il rentre chez lui après avoir pris son petit déjeuner à la terrasse d'un café, Gianni Versace est abattu de 2 balles dans la tête devant la porte de son domicile de Miami en Floride, pour des raisons qui restent inconnues. C'est au début des années 90 que la marque Versace connaît son apogée avec ses collections colorées et exubérantes, avec son défilé référence de 1994 faisant la part belle aux 'supermodels' Naomi Campbell, Linda Evangelista et Claudia Schiffer.

Harry Potter

26 juin 1997. C'est un train en retard qui a donné naissance à la saga *Harry Potter.* Attendant 4 heures durant le train reliant Manchester à Londres, l'écrivain britannique J. K. Rowling se met à imaginer le récit fantastique qui deviendra le plus célèbre des prochaines années.

Men in Black

6 août 1997. Une comédie de science-fiction. La mayonnaise va vite prendre avec les acteurs Tommy Lee Jones (K) et Will Smith (J). Nos 2 héros sont chargés de protéger la terre de toute infraction extraterrestre et de réguler l'immigration intergalactique.

Pourquoi est-il si méchant ?

Une bouteille de soda qui attend le passage d'une voiture dans une forêt sombre pour l'attaquer à coups de tronçonneuse, voilà le sujet de la pub pour Orangina Rouge. Un coup de communication resté dans les mémoires, que ce soit pour la performance tout en agressivité de l'acteur dans le costume, ou pour le célèbre slogan de la marque : « Mais pourquoi est-il aussi méchant ? Parce queeee ! »

1997

South Park arrive sur les écrans
13 août 1997. Des millions de jeunes américains découvrent les aventures de 4 jeunes garçons vivant dans le Colorado. Baignée d'un humour absurde, sarcastique et parodique, cette série est une satire de la société américaine.

La Nintendo 64
1er septembre 1997. Les consoles dites de cinquième génération sont sur le marché français depuis presque 2 années avec notamment la *Saturn* de Sega et la *PlayStation* de Sony, lorsque sort enfin le modèle du japonais Nintendo, la *Nintendo 64*. Cette console fait le pari de maintenir les jeux vidéo sur des cartouches plutôt que sur CD-Rom comme c'est le cas de ses rivales, mais innove en proposant les ports pour 4 manettes en simultané et des jeux dédiés comme *Mario Kart 64* et *Goldeneye*, ouvrant ainsi une possibilité de sessions multi-joueurs.

Friends
8 septembre 1997. La série *Friends* arrive enfin en France sur France 2. Durant 10 saisons, la série va devenir culte, à tel point qu'en 2023 vont être organisées *Les retrouvailles, 20 ans après*, une émission évènement que tous les fans attendaient avec nostalgie.

Le Pari
15 octobre 1997. Suite au succès monstre de leur précédent film, *Les 3 frères*, les Inconnus (sans Pascal Légitimus) récidivent et parlent cette fois du sujet de l'arrêt du tabac. On suit donc Didier Bourdon et Bernard Campan à travers leur - difficile - pari d'arrêter de fumer. Sorti le 15 octobre dans les salles françaises, le film fera près de 4 millions d'entrées.

Joséphine, ange-gardien
15 décembre 1997. L'héroïne de cette série, Joséphine, jouée par Mimi Mathy, est un ange-gardien envoyé par le Ciel pour aider des personnes qui rencontrent des problèmes. Un peu de bienveillance dans un monde de brutes, ça fait toujours du bien.

MUSIQUE

Côte Est, Côte Ouest

En un court laps de temps, 2 rappeurs célèbres sont assassinés aux Etats-Unis : moins de 6 mois après Tupac Shakur (photo à gauche), c'est au tour de Notorious B.I.G. (photo à droite) d'être abattu. Les 2 affaires auraient un lien entre elles. D'abord bons amis, les 2 rappeurs deviennent peu à peu des rivaux. Leur concurrence se transformera en violentes querelles entre rappeurs de la Côte Est et de la Côte Ouest. A la suite de la mort de son meilleur ami, Puff Daddy écrit *I'll Be Missing You*, qui devient un megahit.

La musique latino en vogue

La Lambada, suivie par le Zouk, remettent la danse et la musique d'Amérique latine au goût du jour. La cubaine Gloria Estefan en profitera largement. Autres vedettes de la vogue latino : les 'pépés' du groupe musical cubain Buena Vista Social Club, produits par Ry Cooder.

Sous les masques

Le duo français de musique house et électro Daft Punk se cache d'abord sous un masque, puis sous un casque. Ils estiment que c'est leur musique, et non leur personne, qui doit être mise en valeur. Ils feront un succès mondial avec *Around the World*, un morceau de leur premier album *Homework*. La video illustrant la chanson montre des robots à la voix mécanique, des géants jouant de la guitare basse, des 'disco girls' aux claviers, des squelettes à la guitare et des momies à la batterie.

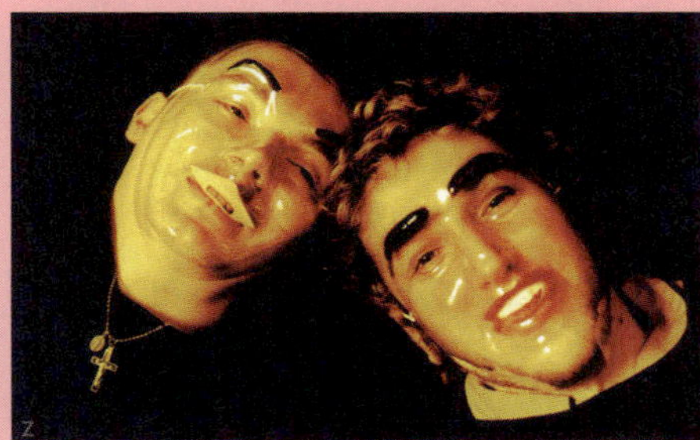

Attentat sur Obispo

28 juillet 1997. Pascal Obispo est la cible de tirs lors d'un spectacle en plein air à Ajaccio. Un jeune homme de 19 ans ouvre le feu avec un pistolet à air comprimé. Le chanteur et son guitariste sont touchés. Obispo souffre d'une cicatrice au sourcil gauche. L'enquête révèle qu'il s'agit d'une histoire de jalousie dans un couple. Elle a dit : « Obispo, je me le fais quand je veux », et l'homme de répondre : « moi aussi, je me le fais quand je veux. » Et puis il tire sur le chanteur.

B2

Jean-Michel Jarre

6 septembre 1997. Le maire de Moscou demande à Jean-Michel Jarre d'organiser un spectacle pour le 850e anniversaire de la ville. Le clou du spectacle est une connexion directe avec la station spatiale Mir. Le concert sera suivi par plus de 3,5 millions de personnes. C'est un record mondial. Jarre se succède à lui-même. Il figure dans le Livre Guinness des records depuis 1979. Il joue alors devant 1 million de spectateurs sur la place de la Concorde à Paris. En 1986, il s'est surpassé avec 1,5 million de fans dans la ville américaine de Houston.

MES 18 PREMIÈRES ANNÉES

TOP 10 1997

1. **Aqua** *Barbie Girl*
2. **Daft Punk** *Da funk*
3. **Lara Fabian** *Tout*
4. **Elton John** *Candle In The Wind*
5. **Jean-Jacques Goldman** *Sache que je*
6. **Hanson** *MMMbop*
7. **Florent Pagny** *Savoir aimer*
8. **MC Solaar** *Les temps changent*
9. **Puff Daddy & Faith Evans** *I'll Be Missing You*
10. **Texas** *Say What You Want*

Open | Search | Scan

C2

John Denver

12 octobre 1997. Le chanteur américain John Denver meurt dans un accident d'avion. *Take Me Home, Country Roads, Thank God I'm a Country Boy* et *Annie's Song* figurent parmi les plus grands succès de cet auteur et chanteur de musique country.

Barbara s'en va

D2

24 novembre 1997. Barbara, contemporaine de Brel, Brassens et Piaf et l'une des plus grandes figures de la chanson française, meurt à Neuilly-sur-Seine. Peu après sa mort, ses mémoires posthumes révèlent une vérité terrifiante. Dans le livre *Il était un piano noir...*, elle révèle la vérité sur sa chanson la plus populaire, *L'aigle noir*. Elle y raconte en termes voilés les années de mauvais traitements infligés par son père. En 2015, la chanson sera désignée comme l'une des chansons les plus aimées par les Français, avec *Mistral gagnant* de Renaud et *Ne me quitte pas* de Brel.

Photos: A Henri Szwarc - Bongarts - Getty Images / **B** Mike Powell - Getty Images Europe - Getty Images / **C** J.D. Cuban - Getty Images North America - Getty Images / **D** Tim de Waele - Velo - Getty Images / **E** Hulton Archive - Getty Images / **F** Bettmann - Getty Images / **G** Jean-Marc Charles - Gamma-Rapho - Getty Images / **H** Jean Pierre Fizet - Sygma - Getty Images / **I** Liba Taylor - Corbis Historical - Getty Images / **J** Thierry Orban - Sygma - Getty Images / **K** Keystone - Hulton Archive - Getty Images / **L** Ullstein bild - Getty Images / **M** Education Image - Universal Images Group Editorial - Getty Images / **N** Langevin Jacques - Sygma - Getty Images / **O** Alain BUU - Gamma-Rapho - Getty Images / **P** Kim Kulish - Corbis Historical - Getty Images / **Q** Sebastien Dufour - Gamma-Rapho - Getty Images / **R** Getty Images Entertainment - Getty Images Europe - Getty Images / **S** Foc Kan - WireImage - Getty Images / **T** Archive Photos - Moviepix - Getty Images / **U** Hulton Archive - Getty Images / **V** Yvonne Hemsey - Hulton Archive - Getty Images / **W** Hulton Archive - Getty Images / **X** Suzanne Rault Balet - Sygma - Getty Images / **Y** Jeff Kravitz - FilmMagic, Inc - Getty Images / **Z** Paul Bergen - Redferns - Getty Images / **A2** JMEnternational - Hulton Archive - Getty Images / **B2** Paul Bergen - Redferns - Getty Images / **C2** Paul Natkin - Archive Photos - Getty Images / **D2** Lipnitzki - Roger Viollet - Getty Images.

SPORT

Echec et mat
9 janvier 1998. Le joueur russe Anatoli Karpov garde son titre de champion du monde d'échecs après avoir battu son opposant indien Viswanathan Anand.

JO d'hiver au Japon
7 - 22 février 1998. Les Jeux olympiques d'hiver au Japon accueillent pour la première fois le snowboard. Les épreuves ? Le slalom géant et le half-pipe. Les figures aériennes et les descentes audacieuses des riders fascinent le public et démontrent que le snowboard est un art.

Et 1, et 2, et 3-0 !
12 juillet 1998. La musique entraînante d'*I Will Survive*, le baiser porte-bonheur de Laurent Blanc sur le crâne chauve de Fabien Barthez, les doublés providentiels de Lilian Thuram et Zinedine Zidane, la marée humaine tricolore exultant sur les Champs-Elysées... ces souvenirs sont gravés à jamais dans notre mémoire collective. Le 12 juillet, l'Hexagone s'embrase. L'équipe de France, portée par Aimé Jacquet et son capitaine Didier Deschamps remporte la Coupe du monde de football.

Le Tour du pirate
2 août 1998. Marco Pantani, virtuose des montagnes surnommé 'Le Pirate', captive les spectateurs avec son style de course intrépide. Egalement fin stratège, l'Italien décroche la victoire face au favori allemand Jan Ullrich. L'étape clé de cette édition ? L'ascension du Mont Galibier pendant laquelle Pantani réalise, sous la pluie et dans un froid glacial, une spectaculaire échappée.

ACTUALITES

La parité entre le franc et l'euro
En 1998, un chapitre crucial s'ouvre dans l'histoire monétaire européenne avec la fixation irrévocable de la parité entre le Franc français et l'Euro. Cette fixation symbolique a préparé le terrain pour l'introduction concrète de l'Euro en 2002, unifiant les économies et redéfinissant le paysage financier européen.

2 JAN 1998
Les tempêtes frappent la côte atlantique avec des rafales à 191 km/h à Lorient.

2 FEV 1998
L'ancien réacteur Superphénix installé en bordure du Rhône sera démantelé.

23 MAR 1998
Le film *Titanic* de James Cameron remporte 11 Oscars.

1998

La semaine de 35 heures
La Loi Aubry vise à améliorer la qualité de vie des travailleurs salariés et à créer des emplois. Obligatoire à partir de janvier 2002, la semaine de 35 heures demeure un jalon emblématique dans l'évolution des politiques du travail. L'acronyme RTT (Réduction du Temps de Travail) désigne les journées de repos gagnées.

Première Techno Parade
19 septembre 1998. Les rues de Paris vibrent au rythme de la première Techno Parade, un événement révolutionnaire dans l'univers de la musique électronique. Cette parade rassemble 200 000 passionnés de musique techno, transformant les rues de la capitale en une gigantesque piste de danse.

Stade de France
28 janvier 1998. Jacques Chirac inaugure le Stade de France, pouvant accueillir 80 698 spectateurs en configuration football/rugby. Il peut aussi servir pour d'autres évènements sportifs, ainsi qu'à des concerts.

Arrivée de l'Adsl
L'ADSL débarque en France. Ce déploiement majeur a marqué une avancée spectaculaire dans le monde de l'internet en offrant des connexions à haut débit à travers le réseau téléphonique. Les foyers profitent désormais d'une navigation plus rapide.

Haroun Tazieff
2 février 1998. Le célèbre volcanologue Haroun Tazieff nous quitte à l'âge de 83 ans. On le considère comme l'un des pères de la volcanologie moderne. Il va parcourir le monde entier à partir des années 1950. Ses qualités de narrateur, ses capacités de réalisateur et d'écrivain vont faire beaucoup pour attirer l'attention sur la science de la terre, au plus profond des entrailles de celles-ci.

2 AVR 1998
Maurice Papon est condamné à 10 ans de prison pour complicité de crime contre l'humanité.

21 MAI 1998
L'exposition universelle à Lisbonne attire 12 millions de visiteurs.

13 JUN 1998
Le navigateur français Eric Tabarly (66 ans) tombe de son bateau et disparaît en mer d'Irlande.

Le Régime Montignac
Conçu par Michel Montignac dans les années 80, ce régime amaigrissant met l'accent sur la gestion intelligente des glucides pour favoriser la perte de poids et améliorer la santé. En 1998, il connaît un succès sans précédent et est adopté par de nombreuses personnalités ainsi que le grand public.

Dans nos assiettes
Les années 90 annoncent le retour à la nature, au terroir et aux produits « vrais ». On veut acheter moins cher mais surtout acheter mieux. Le résultat? On mange moins de viande rouge et plus de poulet et de pintade. Eh oui, l'écologie influence nos habitudes mais nous ne sommes pas encore décidés à devenir végétariens. Signalons encore la montée des restaurants japonais.

Suicide de Nino Ferrer
13 août 1998. Le chanteur Nino Ferrer, victime d'une dépression, met fin à ses jours dans son domaine de Saint-Cyprien dans le département du Lot.

La ligne 14 du métro
15 octobre 1998. La ligne 14, alias Météor, est inaugurée à Paris. Elle est plus profonde que les autres lignes, plus rapide et entièrement automatisée.

POLITIQUE

Cohabitation
L'année 1998 est celle de la cohabitation entre Lionel Jospin, premier ministre socialiste, et le président Jacques Chirac. Cette coexistence politique met en lumière des défis et des compromis au sein du gouvernement.

Accord de Nouméa
5 mai 1998. L'accord de Nouméa ouvre un nouveau chapitre dans l'histoire de la Nouvelle-Calédonie. Signé entre l'Etat français et les leaders indépendantistes, cet accord jette les bases d'une décolonisation progressive.

12 JUL 1998
La France bat le Brésil (3-0) en finale de la Coupe du monde de football.

11 AOÛ 1998
La compagnie pétrolière Amoco annonce sa fusion avec British Petroleum (BP).

24 SEP 1998
Greffe complète d'un avant-bras à l'hôpital Edouard-Herriot à Lyon, une première mondiale.

1998

ACTUALITES INTERNATIONALES

L'affaire Lewinski
26 janvier 1998. Le président américain Bill Clinton affirme qu'il n'a jamais entretenu de relations sexuelles avec l'une de ses stagiaires, âgée de 22 ans, Monica Lewinski. Mais la jeune collaboratrice affirme pour sa part qu'elle a entretenu à 9 reprises au moins des contacts sexuels avec le président. Si Clinton dément dans un premier temps, il avouera ensuite s'être livré à des contacts physiques inappropriés avec la jeune femme.

Tshisekedi exilé du Congo
12 février 1998. Au Congo ex-belge, l'opposant Etienne Tshisekedi est appréhendé et exilé. Son fils deviendra président de la République Démocratique du Congo en 2019.

Nouveau parlement européen
12 février 1998. A Bruxelles, le Roi Albert II inaugure les nouveaux bâtiments du Parlement européen. Ses séances plénières se tiennent toujours une fois par mois à Strasbourg, alors que les réunions de Commission ont lieu à Bruxelles.

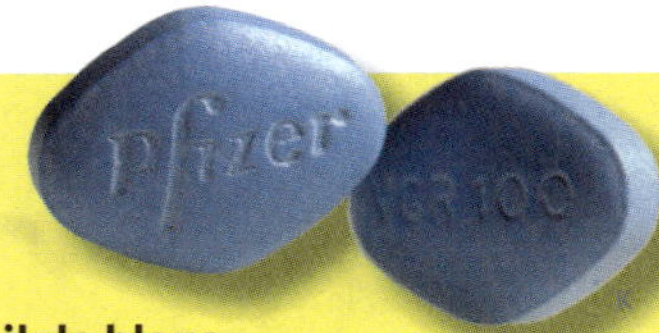

La pilule bleue
27 mars 1998. Aux Etats-Unis, la Food and Drug Administration donne son feu vert au Viagra comme remède à l'impuissance.

Les accords du Vendredi Saint
10 avril 1998. A Belfast, les Irlandais 'nationalistes' catholiques et les 'loyalistes' protestants de l'Ulster mettent fin à des affrontements vieux de 30 ans. Ces accords du Vendredi Saint concrétisent l'autonomie de l'Irlande du Nord et prévoient le désarmement de l'Armée Républicaine Irlandaise (IRA).

iMac
7 mai 1998. Steve Jobs présente son premier ordinateur iMac comme « un mariage entre la passion pour l'internet et la simplicité de Macintosh ». Le nouvel iMac propose un écran de grande dimension, des transitions particulièrement rapides et des formes très élégantes.

16 OCT 1998
Arrestation à Londres de l'ancien president chilien Augusto Pinochet.

1 NOV 1998
Création de la Cour Européenne des Droits de l'Homme à Strasbourg.

22 DÉC 1998
Retour au calme dans le quartier du Mirail à Toulouse après 10 nuits de violence.

Windows 98
25 juin 1998. Microsoft lance sur le marché son nouveau système d'exploitation Windows 98. Il permet de se connecter avec des clés USB et intègre Internet Explorer. Son nouveau logiciel peut utiliser divers écrans et des lecteurs externes de dvd.

Ford achète Volvo
28 juin 1998. Le constructeur suédois Volvo est racheté par les Américains de Ford pour 4,96 milliards d'euros.

Station spatiale internationale
20 novembre 1998. Le premier module de la Station Spatiale Internationale (ISS) est lancé depuis le Cosmodrome de Baïkonour, au Kazakhstan. La station habitée en permanence deviendra le lieu de travail, de transport et d'entretien pour de futures missions visant la Lune, Mars ou d'autres planètes.

DIVERTISSEMENT

Décès brutal d'Yves Mourousi
7 avril 1998. Présentateur emblématique du journal télévisé de 13 heures sur TF1 de 1975 à 1981, connu pour ses facéties et son franc-parler, Yves Mourousi décède brutalement à l'âge de 55 ans. Très apprécié des téléspectateurs, il présentait aussi des émissions spéciales comme sur le porte-avion Charles de Gaulle, ou des interviews politiques.

Le dîner de cons
15 avril 1998. Plus de 9 millions de spectateurs se régalent des périgrinations de François Pignon (Jacques Villeret) et Pierre Brochant (Thierry Lhermitte). Des situations hilarantes, des répliques cultes, des acteurs au sommet : le film est un énorme succès et devient une référence au registre des comédies populaires.

La série *H*
Sortie de la série télévisée française *H*. Imaginée par les comédiens et humoristes Jamel Debbouze et Éric Judor, cette comédie déjantée montre les coulisses d'un hôpital avec sa série de personnages loufoques.

1998

Sauver le soldat Ryan
5 Oscars pour le film *Il faut Sauver le Soldat Ryan* de Steven Spielberg. Il a pour cadre le débarquement des troupes américaines en Normandie en 1944.

Lagaf et le BigDil
La réalité virtuelle s'invite joyeusement sur le petit écran avec l'arrivée de Bill dans l'émission le *BigDil*. Ce personnage de synthèse, animé dans les conditions du direct, accompagne le présentateur Vincent Lagaf. C'est le comédien Gilles Vautier qui se cache derrière l'extraterrestre bleu. Sa complicité avec Vincent Lagaf crée une alchimie unique.

La vie est belle
21 octobre 1998. Ce film Italien réalisé et interprété par le fantasque Roberto Benigni est une pure merveille d'émotion. Un père et son fils juifs sont déportés pendant la Seconde Guerre mondiale dans un camp de concentration. Guido, le père, va transformer cet univers en un terrain de 'jeu' pour son fils Giosué pour l'épargner du traumatisme ambiant.

Armageddon
5 août 1998. Harry Stamper (Bruce Willis), spécialiste en forage pétrolier, doit sauver le monde de l'astéroïde qui risque de le percuter dans quelques jours. Stamper doit réussir à atterrir sur la météorite pour y creuser un puits de 250 mètres de profondeur dans lequel sera insérée une charge nucléaire. Malheureusement le héros du film n'a aucune notion d'astronautique. Serons-nous sauvés ? Affaire à suivre.

Les cabines téléphoniques
L'apogée du nombre de cabines téléphoniques est atteinte en 1998 avec 241 000 cabines enregistrées. A partir de 2001, 100 % des cabines fonctionneront uniquement avec des télécartes, fini les pièces de monnaie, surtout que l'Euro doit arriver au 1er janvier 2002.

VOUS SOUVENEZ-VOUS ?

Cartes Pokémon

Taxi
La Canebière à 200 à l'heure, la Peugeot 406 la plus célèbre de France, une BO mémorable et un duo Nacéri-Diefenthal au sommet de son art... Le film *Taxi* de Luc Besson électrise les cinéphiles, devient un phénomène culturel, alliant humour et cascades spectaculaires pour se propulser très vite au sommet du box-office.

1998

Le Furby

Les étagères des magasins de jouets accueillent une peluche électronique révolutionnaire : le Furby. Avec son look coloré mêlant le hibou et le mogwai des films *Gremlins*, ses mouvements ludiques et son langage propre (le furbish), ce petit compagnon interactif devient un jouet iconique.

Le magazine de la santé

Autant réputé pour la qualité de son contenu que pour son duo d'animateurs Marina Carrère d'Encausse et Michel Cymès, cette émission fait son apparition sur France 5 et restera programmée 26 ans. Le magazine de la santé vulgarise des sujets médicaux et répond - sur un ton décontracté - aux questions des téléspectateurs via l'intervention de spécialistes.

L'adieu de Philippe Aubert

19 février 1998. Décès du journaliste et chroniqueur parisien Philippe Aubert. En 1969, il entre au journal Combat, puis à L'Express et au magazine Actuel. Après France Inter et RMC, il devient chroniqueur sur Europe 1. Sa revue de presse sur un ton humoristique passe sous le titre *Le Kiosque*.

« Et la marmotte, elle met le chocolat...

... dans le papier d'alu ! Mais bien-sûr.. ! » Qui ne se souvient pas de cette publicité Milka ? On y voit un randonneur, en pleine montagne, découvrir avec stupeur l'implication d'animaux dans la fabrication du célèbre chocolat au lait. Et tenter vainement de l'expliquer ensuite à des citadins.

Titanic

Le monument cinématographique de James Cameron fait chavirer le monde entier. Porté par l'alchimie éblouissante entre Leonardo Di Caprio et Kate Winslet, le film dépeint la tragique histoire d'amour de Jack et Rose à bord du célèbre paquebot. Les scènes épiques et l'histoire fascinent le public, propulsant *Titanic* au sommet des classements.

The big Lebowski

En 1998 sort sur les écrans *The big Lebowski*, un film signé par les frères Coen. Cette comédie déjantée, portée par la performance mémorable de Jeff Bridges dans le rôle du 'Dude', captive le public avec son humour décalé et ses rebondissements inattendus. Rapidement devenu un film culte, *The big Lebowski* a laissé une empreinte indélébile dans la culture populaire des années 90.

« Belle, c'est un mot qu'on dirait inventé pour elle... »

Portée par la plume de Luc Plamondon et la musique de Richard Cocciante, cette adaptation magistrale du classique de Victor Hugo *Notre-Dame de Paris* connaît un succès phénoménal. On y découvre les voix puissantes de Garou et Patrick Fiori, ainsi que la chanteuse Hélène Ségara qui incarne Esmeralda.

Mort de Jean Marais
8 novembre 1998. Jean Marais décède. En 1937, l'acteur rencontre Jean Cocteau qui va devenir son mentor et son amant. Il faut attendre la fin de la Seconde Guerre mondiale pour que le succès arrive à travers des films comme *Les enfants du Paradis, La Belle et la Bête, L'aigle à deux têtes* et *Orphée*. Puis Jean Marais va se diriger vers des films de capes et d'épées comme *Le Capitan* et *Le Bossu*, Enfin, on le verra dans la trilogie *Fantômas* et dans la série télévisée *Joseph Balsamo*.

Le deuxième effet Kiss Cool
Entre 1995 et 1999, 4 publicités pour les bonbons Kiss Cool vont apparaitre sur nos écrans : le fameux, « Le Lapin, Le Lapin », un homme déguisé en lapin bleu poursuivi par des chasseurs avec comme slogan « Le deuxième effet Kiss Cool », puis plus tard avec des petits personnages monstrueux poilus tout noir avec le slogan « Kiss Cool, c'est frais, mais c'est pas grave ».

Half Life
19 novembre 1998. L'univers du jeu vidéo est marqué par la sortie de *Half Life*, l'un des jeux de tir les plus emblématiques de tous les temps. Il introduit des innovations narratives et graphiques, transportant les joueurs dans un univers immersif. Il relate les aventures de Gordon Freeman, un chercheur qui, après des expériences de téléportation ayant mal tourné, doit se battre contre des créatures extraterrestres.

Le plus grand cabaret du monde
26 décembre 1998. Avec un Patrick Sébastien en grande forme aux manettes, l'émission devient rapidement incontournable. Le principe : des invités autour d'une table et surtout des numéros de cirque, des tours de magie, des visuels venus des 4 coins du monde.

Ushuaïa nature
11 novembre 1998. Le magazine de l'extrême ! Animé et produit par Nicolas Hulot, c'est une proposition de découverte de lieux naturels retirés du monde et de leur population. La philosophie de l'émission : « émerveiller pour aller vers le respect (de la nature) ». C'est un début de message écologique.

Ally Mac Beal
25 novembre 1998. Une série sur un cabinet d'avocats de Boston. Sur le papier, ça ne fait pas rêver, mais c'est sans compter le brin de folie d'Ally Mac Beal jouée par Calista Flockhart, mais aussi de ses collègues qui se 'lâchent' une fois dans les bars en fin de journée.

MUSIQUE

Allumer le feu
24 janvier 1998. Sortie de l'album *Ce que je sais* de Johnny Hallyday, réalisé et composé par Pascal Obispo. Plusieurs paroliers apportent leur pierre à l'édifice dont Zazie qui écrit la chanson *Allumer le Feu.*

'La Voix' se tait
Surnommé 'La Voix', Frank Sinatra a révolutionné la musique populaire avec une carrière exceptionnelle ayant traversé les décennies. Son timbre inimitable, son charisme scénique et ses multiples succès, dont *My Way*, ont fait de lui une figure emblématique du jazz et du swing. La disparition du crooner américain en mai 1998 laisse un vide immense dans l'industrie musicale à travers le monde.

Walk This Way
Souvent considéré comme l'un des premiers grands groupes du mouvement hip hop RUN DMC montre que sa capacité créatrice est toujours aussi vive. A cette époque, le trio new-yorkais redéfinit les frontières musicales en fusionnant le rap et le rock dans une énergie révolutionnaire. Leur reprise du titre *Walk This Way* d'Aerosmith, en duo avec le groupe de rock, demeure un morceau culte.

La tribu de Dana
9 mai 1998. Manau est un trio hip-hop français aux influences celtiques. Ses textes sont basés sur des légendes anciennes. La combinaison de rythmes modernes et d'instruments traditionnels permet d'atteindre des sommets. Le single *La tribu de Dana* devient l'un des plus grands succès français de tous les temps.

Clandestino
Manu Chao, l'ancien leader de Mano Negra, veut mettre un terme à sa carrière musicale avec un disque techno. Mais le disque dur contenant les enregistrements tombe en panne. Il ne reste qu'une version dépouillée de *Clandestino*. Ce disque austère devient un classique.

Belle
16 septembre 1998. La comédie musicale *Notre-Dame de Paris* basée sur le roman de Victor Hugo sera présentée pour la première fois. La chanson la plus populaire sera *Belle,* dans laquelle les personnages Quasimodo (Garou), Frollo (Daniel Lavoie) et Phoebus (Patrick Fiori) déclarent leur amour à la condamnée Esméralda.

1998

L'ère R&B

Janet Jackson illumine la scène musicale avec son album *The Velvet Rope*, explorant des thèmes personnels et sociaux. Son impact ancre sa réputation d'artiste engagée et visionnaire. Pendant ce temps, la chanteuse britannique Des'ree conquiert les charts avec *Life*, une balade soul puissante, affirmant sa voix unique et son talent exceptionnel.

Zazie censurée

Le clip *Ça fait mal et ça fait rien* de la chanteuse Zazie défraye la chronique et soulève des débats passionnés. Considéré comme trop violent et subversif, il est censuré. Son propos ? Incarnée par Zazie, une femme surprend son mari dans les bras de sa maîtresse.

MES 18 PREMIÈRES ANNÉES
TOP 10 1998

1. **Cher** *Believe*
2. **Faithless** *God Is A DJ*
3. **Patrick Fiori, Garou, Daniel Lavoine** *Belle*
4. **Jacques Goldman** *Quand tu danses*
5. **Nathalie Imbruglia** *Torn*
6. **Lââm** *Chanter pour ceux qui sont loin (...)*
7. **Madonna** *Frozen*
8. **Manau** *La tribu de Dana*
9. **Stardust** *Music Sounds Better With You*
10. **Robbie Williams** *Angels*

Open | **Search** | **Scan**

God is a DJ

Le groupe britannique Faithless secoue les platines avec *God is a DJ*, un hymne électronique qui redéfinit la musique dance. Porté par la voix envoûtante de Maxi Jazz et les rythmes électrisants du groupe, le titre devient un symbole de la scène techno.

Zoom Zoom Zang

« Laisse-moi zoom zoom zang... » Si vous entamez ces paroles, il est certain qu'aussitôt quelqu'un les complètera par « ... dans ma benz benz benz ». Des paroles crues, un beat percutant, le titre *Ma Benz* du groupe de rap NTM écrit en collaboration avec Lord Kossity conquiert instantanément les charts.

Machistador

Macho, Macho, *Machistador*... avec son mélange audacieux de rock, de funk et de pop porté par un guitariste génial à la voix haut perchée le titre *Machistador* de Matthieu Chedid, alias M, secoue la scène musicale française.

Time Out of Mind

Avec son album *Time Out of Mind*, Bob Dylan réalise un chef-d'œuvre qui redéfinit la quintessence de son art. Couronné par 3 Grammy Awards, dont celui du meilleur album de l'année, ce travail introspectif a captivé les auditeurs par ses paroles poignantes et sa musicalité hypnotique.

Photos: A Stéphane Ruet - Sygma - Getty Images / **B** Pascal Rondeau - Getty Images Europe - Getty Images / **C** Patrick Durand - Sygma - Getty Images / **D** Sebastien Dufour - Gamma-Rapho - Getty Images / **E** Pool Bassignac:Gaillarde - Gamma-Rapho - Getty Images / **F** Jean Pimentel - Corbis Historical - Getty Images / **G** Micheline Pelletier - Sygma - Getty Images / **H** Jean Bernard Vernier - Sygma - Getty Images / **I** Hulton Archive - Getty Images / **J** Thierry Monasse - Getty Images / **K** Ullstein bild - Getty Images Europe - Getty Images / **L** William Stevens - Gamma-Rapho - Getty Images /**M** Jeff Christensen - Hulton Archive - Getty Images / **N** Alain Nogues - Getty Images / **O** Jean-Jacques Bernier - Gamma-Rapho - Getty Images / **P** PA Images - Getty Images / **Q** Hulton Archive - Getty Images / **R** Archive Photos - Moviepix - Getty Images / **S** Bettmann - Getty Images / **T** Eric Préau - Sygma - Getty Images / **U** Bob Riha Jr - Archive Photos - Getty Images / **V** Serge Arnal - Gamma-Rapho - Getty Images / **W** Michael Ochs Archives - Getty Images /**X** Bettmann - Getty Images / **Y** Xavier Rossi - Getty Images / **Z** Archive Photos - Moviepix - Getty Images.

SPORT

Philippe Quintais
Avec 16 titres de champion du monde, le bouliste Philippe Quintais est le Français qui détient le plus grand nombre de titres de champion du monde tous sports confondus, derrière Antoine Albeau (planche à voile). Il a fait partie des clubs de son village Hanches, de Barbizon, de Nice, de Dreux, de Saint-Pierre-d'Oléron et de Langon-sur-Cher. Il est adroit en pointage comme au tir. Il devient un des meilleurs tireurs de sa génération.

Freire champion du monde
10 octobre 1999. L'Espagnol Óscar Freire revêt le maillot arc-en-ciel de champion du monde de cyclisme à Vérone, en Italie. Et l'Allemand Jan Ullrich devient champion du monde du contre la montre, peu après avoir remporté le Tour d'Espagne.

A

Apothéose pour Steffi Graf
L'Allemande de 30 ans clôture la dernière année de sa carrière par une finale à Wimbledon, et surtout, une victoire à Roland-Garros contre la Suissesse Martina Hingis, la toute jeune numéro une mondiale désignée pour prendre sa suite.

Agassi remporte Roland-Garros
Après 2 finales perdues en 1990 et 1991, l'Américain André Agassi remporte son premier et unique Roland-Garros dans une finale épique. Mené 2 sets à rien par l'Ukrainien Andreï Medvedev, 'le Kid' renverse la vapeur pour l'emporter 3 sets à 2.

B

Coupe du monde de rugby
6 novembre 1999. En grande difficulté avec une récente dernière place au Tournoi des VI Nations, le XV de France crée la surprise lors de cette Coupe du monde en effaçant les All Blacks hyper favoris lors d'une demi-finale épique (victoire 43 à 31). En finale en revanche, les hommes du capitaine Ibanez ne pourront rien faire face à la fraicheur physique des Australiens (défaite 35 à 12).

1 JAN 1999
L'euro est introduit pour les transactions financières. Un euro vaut 6,55957 francs français.

FEV 1999
Une avalanche fait 12 morts dans le massif du Mont-Blanc. 14 maisons sont détruites à Montroc.

22 MAR 1999
Bertrand Piccard et Brian Jones effectuent le tour du monde en montgolfière.

1999

Amélie Mauresmo

La jeune Française Amélie Mauresmo explose aux yeux du grand public en éliminant la numéro 1 mondiale Lindsay Davenport en demi-finale de l'Open d'Australie. Elle échoue malheureusement en finale face à Martina Hingis (6-2, 6-3). « J'avais l'impression de jouer contre un homme », dira l'Américaine, quand la Suissesse déclarera à propos de Mauresmo : « elle est à moitié homme ». La Française affiche, quelques semaines avant le tournoi, ouvertement son homosexualité.

C

ACTUALITES

Incendie dans le tunnel

24 - 26 mars 1999. Un camion venant de France prend feu et provoque un gigantesque incendie en plein milieu du tunnel du Mont-Blanc long de 11,6 kilomètres. Le drame fera 39 victimes.

L'Euro est adopté !

1er janvier 1999. L'année s'ouvre pour les Français, ainsi que des millions d'Européens, sur une révolution. Le franc a vécu, place à l'euro, qui devient désormais la monnaie unique pour les prix, les salaires et l'ensemble des échanges économiques. Le double affichage des prix fait ainsi son apparition jusqu'à la disparition totale du franc.

Moins d'accidents de chasse

Chaque année, en France, il se produit des accidents durant la saison de la chasse. Le nombre de victimes d'accidents de chasse est néanmoins en baisse, puisqu'en 1999-2000 il y a encore 232 accidents et en 2020-2021 le nombre d'accidents passera à 80. Le nombre d'accidents mortels parmi les accidents de chasse est également en baisse entre 1999 et 2021, passant de 39 à 7.

Paris anéanti

Le couturier Paco Rabanne annonce qu'à l'occasion de l'éclipse totale de soleil du 11 août, la station spatiale internationale Mir tombera sur Paris et plusieurs villes du Sud-Ouest. Le couturier précise que ces prédictions ne sont pas de son fait mais l'œuvre de... Nostradamus.

25 AVR 1999

10 000 membres de la secte Falun Gong manifestent autour du siège du pouvoir central en Chine.

26 MAI 1999

La France atteint un quasi-équilibre entre le taux de natalité et le taux de mortalité.

28 JUN 1999

Le congrès vote la loi sur la parité hommes-femmes en politique.

Le Chez Francis prend feu

19 - 20 avril 1999. La paillotte Chez Francis, installée au sud du golfe d'Ajaccio, est ravagée par un incendie provoqué par une équipe de gendarmerie. S'ensuivra un long feuilleton politico-juridique mettant notamment en cause le préfet de l'île, Bernard Bonnet.

Eclipse totale du soleil

11 août 1999. Des millions de Français chaussent leurs étranges lunettes noires de protection aux alentours de midi. Ce jour-là se produit une éclipse totale de soleil.

A la chasse

S'il existe des chasseurs partout en France, les données de la Fédération Nationale des Chasseurs font apparaître qu'il y a 3 fois plus de chasseurs par habitant en Corse ou dans le Centre-Val de Loire qu'en Bretagne ou en Provence-Alpes-Côte d'Azur.

Continent devient Carrefour

Créée en 1972, l'enseigne Continent fusionne avec le groupe Carrefour en 1999. Moins d'un an plus tard, les 87 supermarchés Continent sont passés sous pavillon Carrefour.

HYPERMARCHES CONTINENT

Attaque de MacDo

A l'été, les Français découvrent José Bové. Quelques semaines plus tôt, les Etats-Unis ont pris la décision de surtaxer les importations de Roquefort. Le militant écologiste et les membres de la Confédération paysanne décident ainsi de vandaliser le chantier du McDonald's de Millau.

Promulgation du PACS

13 octobre 1999. L'Assemblée nationale adopte la loi relative au pacte civil de solidarité, plus connu sous le nom de PACS. Celui-ci permet une reconnaissance globale du statut des couples du même sexe. Le premier PACS sera signé à Lille par 2 hommes le 18 novembre.

Naufrage de l'Erika

12 décembre 1999. Lorsque le pétrolier maltais Erika s'abîme en mer, 30 884 tonnes de fioul lourd se déversent au large de la Bretagne. Le naufrage entraîne une gigantesque marée noire, qui souillera 400 kilomètres de côtes du Finistère à la Charente-Maritime.

30 JUL 1999

Intronisation de Mohammed VI, roi du Maroc après le décès de son père Hassan II.

26 AOÛ 1999

L'Américain Michael Johnson bat le record du monde sur 400 mètres : 43,18 secondes.

9 SEP 1999

Partout dans le monde des couples se marient le 9-9-'99.

1999

Tempête du siècle
26 - 28 décembre 1999. Une partie de la France est dévastée par 'la tempête du siècle'. En réalité, ce sont 2 tempêtes, Lothar et Martin, qui s'abattent pour la première sur la partie Nord du pays, la seconde sur le grand Ouest. Elles feront 92 morts.

Le look des années 90
On porte le sweat, le jean ou le bombers, des T-shirts avec des messages, des fleurs hawaïennes et tartan sur les chemises, des vaches, léopards ou zèbres sur les pantalons, des foulards et autres accessoires. Le grunge à la Kurt Cobain (Nirvana) semble anti-mode avec les jeans déchirés, vieilles baskets et longues chemises à carreaux. N'oublions pas les Spice Girls et les couleurs soleil, les chaussures plates-formes ou les paillettes.

Les nineties
Les années 90, c'est l'apogée de Nirvana et Radiohead, les romans *Pastorale Américaine* et *L'Infinie Comédie*, les films *Les Evadés* et *Pulp Fiction*, les séries télévisées *Les Soprano* et *Seinfeld*, la chanteuse r&b Sisqó et *Scary Movie*. La série *Secret Story* introduit la notion de 'reality'. Et pour la première fois, une émission de télévision est combinée avec l'internet.

POLITIQUE

Elections européennes
13 juin 1999. Les Français sont appelés aux urnes pour élire leurs députés européens. Le résultat de ces élections à l'échelle européenne donnera une courte majorité aux droites européennes.

Egalité
27 juillet 1977. Le gouvernement de Lionel Jospin instaure la loi relative à la Couverture Maladie Universelle (CMU). Celle-ci garantit l'accès aux soins à toutes les personnes résidant en France depuis plus de 3 mois.

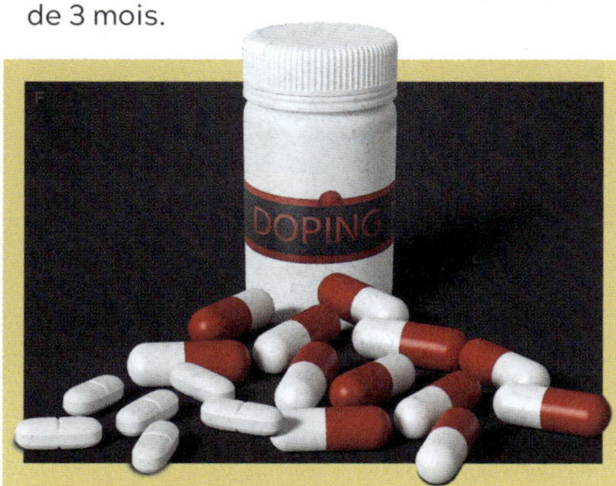

Loi Buffet contre le dopage
La ministre des Sports, Marie-George Buffet, porte une loi accentuant la lutte contre le dopage, avec notamment la création du Conseil de prévention et de lutte contre le dopage (CPLD) et le développement de campagnes de prévention.

29 OCT 1999
Mort du dessinateur et scénariste Michel Regnier (68 ans), connu sous le nom de plume Greg.

25 NOV 1999
L'ONU lance la première journée contre la violence contre les femmes.

2 DÉC 1999
Premier décryptage du code génétique d'un chromosome humain par des scientifiques de Cambridge.

1999

ACTUALITES INTERNATIONALES

Les années 1990
Quel est le bilan des années 1990 ? On peut pointer la fin de l'apartheid en Afrique du Sud, la chute du Mur en Europe, la percée de l'ecstasy, du Viagra ou encore du Prozac. Sans oublier les divers remèdes utilisés dans la lutte contre le Sida. Il y a aussi la guerre civile dans les Balkans et en Afrique de l'Est. Pendant ce temps, l'Union soviétique est en train de se déliter. On retient aussi les crises de la dioxine ou encore la maladie de la vache folle. Il y a toutefois des raisons de rester optimiste : les juridictions internationales prennent en main les dossiers de la guerre dans l'ex-Yougoslavie et des événements du Rwanda.

Six milliards d'humains
19 juillet 1999. Les Nations Unies annoncent la naissance du six milliardième être humain. La population a doublé depuis 1960. En guise de symbole, un nouveau-né de Sarajevo est considéré comme ce six milliardième citoyen du monde.

Le massacre de Columbine
20 avril 1999. 2 jeunes élèves, Eric Harris et Dylan Klebold, provoquent un bain de sang en tuant 15 personnes dans leur école secondaire de Columbine. Une vidéo diffusée en ligne montre les explosifs, armes et munitions dont disposaient les auteurs. Ce nouveau drame, rendu possible par des armes en libre circulation, remet une nouvelle fois en question la législation américaine très laxiste concernant ce type d'armes.

Bluetooth™

Bluetooth
Une nouvelle technique permet dorénavant de relier entre eux des appareils électroniques sans liaison filaire. Elle est baptisée 'Bluetooth', faisant ainsi référence au chef Viking danois Harald 'Dent bleue'. L'invention permet de transférer des dossiers de téléphone à téléphone ou de faire usage d'écouteurs sans fil.

La Chine dans l'espace
20 novembre 1999. La Chine lance la navette spatiale Shenzhou qui devra héberger les premiers voyageurs de l'espace en orbite autour de la terre. Le premier vol spatial chinois habité aura lieu le 15 octobre 2003.

La terre tremble en Turquie
17 août 1999. Un puissant tremblement de terre survenu en Turquie fait 17 000 morts et 44 000 blessés.

1999

Avec vue sur Londres
17 octobre 1999. Installée sur la rive de la Tamise, la plus imposante grande roue du monde domine la capitale britannique. Du haut de ses 135 mètres, les passagers des cabines de ce 'London Eye' peuvent apercevoir les territoires de 7 comtés, 13 stades de football et des dizaines de ponts. La roue attire 3 millions de passagers par an.

La guerre du Kosovo
La dislocation de l'ex-Yougoslavie connaît de nouveaux épisodes sanglants, lorsque la population d'origine albanaise, majoritaire dans l'ex-province autonome du Kosovo mène une guérilla pour se libérer de l'autorité serbe. Le Kosovo devient un protectorat sous statut international. Le leader serbe Slobodan Milošević est poursuivi à La Haye, aux Pays-Bas, par le tribunal pénal international.

Le 'bug' du millénaire
Nombre de techniciens et spécialistes font part de leurs craintes concernant les effets du passage au nouveau millénaire sur les systèmes informatiques. Ils s'appuient sur le fait que les ordinateurs n'utilisent que les 2 derniers chiffres des années traitées par les systèmes. Il pourrait ainsi arriver que la date 1-1-00 soit interprétée par la machine comme 1er janvier 1900 et non 1er janvier 2000. Il n'en sera finalement rien.

Un premier G20
16 décembre 1999. Les pays industriels les plus puissants du monde et ceux qui sont en forte croissance économique dans le Tiers Monde tiennent un premier sommet à Berlin : c'est le G20.

Poutine succède à Eltsine
31 décembre 1999. Boris Eltsine quitte la présidence de la Fédération de Russie. C'est l'ancien chef des services de sécurité, Vladimir Poutine, qui succède à Eltsine.

Un faucon pèlerin
Les Japonais de l'usine Suzuki défraient la chronique en présentant leur nouvelle moto de série GSX1300R : un monstre qui fait exploser la limite des 300 km/h. L'engin est surnommé 'Faucon Pèlerin' en japonais. Un surnom qui ne doit rien au hasard, puisque ce rapace est connu pour atteindre la même vitesse.

DIVERTISSEMENT

American Beauty
Le film de Sam Mendes qui parle d'amour, de liberté, de libération, de famille ou encore de rêve américain, monopolise 5 Oscars, dont ceux destinés au meilleur film et au meilleur acteur (Kevin Spacey).

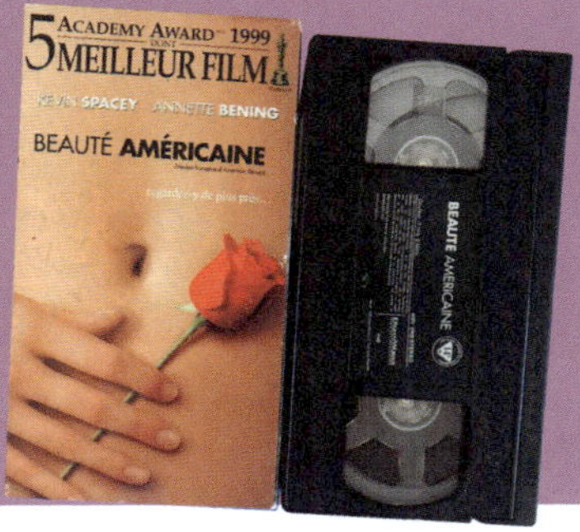

Un gars, une fille
Les jeunes comédiens Jean Dujardin et Alexandra Lamy s'invitent sur les écrans de télévision avec la série *Un gars, Une fille*. Celle-ci met en scène avec humour et dérision les tribulations quotidiennes d'un jeune couple formé par Jean, alias Loulou, et Alex, surnommée Chouchou.

Darth Vader
Le film *Star Wars Episode I : La menace fantôme* fait un malheur dans les salles obscures. 16 ans après la sortie de la troisième partie de la série *Return of the Jedi*, l'écrivain et réalisateur George Lucas dévoile le prequel de la saga *Star Wars*.

Astérix et Obélix contre César
3 février 1999. La sortie du film *Astérix et Obélix contre César* de Claude Zidi. A l'affiche, Gérard Depardieu joue Obélix, Christian Clavier Astérix, et Roberto Benigni un excellent Tullius Detritus, dans une aventure mettant en scène un Jules César venant en personne assiéger le village gaulois pour récupérer l'argent de ses impôts.

Charmed
27 février 1999. C'est l'histoire de 3 sœurs qui héritent des pouvoirs de sorcières de leurs aïeules. Chacune des sœurs a un pouvoir spécifique et évolutif. Elles sont unies par le 'pouvoir des trois' et luttent contre les sorciers démons. Elles s'appellent Prue (télékinésie), Piper (peut arrêter le temps) et Phoebe (peut lire l'avenir).

La Xsara Picasso
C'est le monospace compact de chez Citroën, sa ligne et son nom vont séduire bon nombre de clients. Une belle réussite dans cette catégorie monospace, avec 3 sièges arrière identiques et amovibles séparément et un espace en largeur donnant une grande habitabilité.

1999

Mort de Kubrick
7 mars 1999. Le réalisateur américain Stanley Kubrick s'éteint dans son manoir au nord de Londres. On lui doit une pluie de chefs-d'œuvre parmi lesquels *Orange Mécanique*, *Shining*, *2001 l'Odyssée de l'Espace* ou encore *Eyes Wide Shut* avec Tom Cruise et Nicole Kidman qui sortira quelques semaines après sa mort.

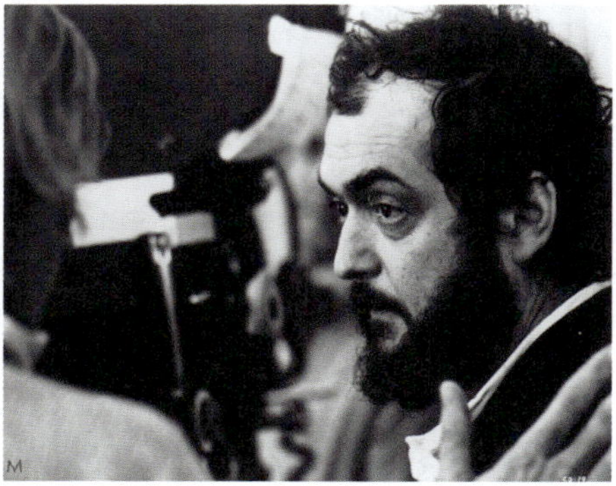

Mylène Farmer
8 juin 1999. Je te rends mon amour est la chanson préférée de Mylène Farmer. Elle parle de son besoin d'échapper à une relation qui ne fonctionne plus. Pour ce faire, elle fait référence à la peinture et cite nommément les grands maîtres Paul Gauguin et Egon Schiele. Le clip qui l'accompagne, réalisé par François Hanss, crée la polémique. M6 l'a diffusé dans une version bâclée car il contiendrait des images choquantes et blasphématoires. Farmer va réagir en mettant en vente la VHS du clip dans son intégralité. Les bénéfices sont reversés au Sidaction pour la lutte contre le sida.

Oggy et les Cafards
6 septembre 1999. Produit par Marc de Pontavice, ce dessin animé va avoir en fait un succès retentissant sur le plan mondial. L'histoire raconte les aventures comiques d'Oggy, un chat bleu anthropomorphe avec un nez de clown et des gants blancs harcelé par 3 cafards : Joey, Deedee et Marky.

Matrix
23 juin 1999. Les Français découvrent un film événement, *Matrix*, des deux réalisatrices américaines Lana et Lilly Wachowski. Le film de science-fiction met en scène le personnage de Néo (Keanu Reeves) découvrant que le monde qu'il pensait réel n'est en fait qu'un monde fictif dominé par des robots.

C'est mon choix
27 novembre 1999. Un talk-show animé par Evelyne Thomas. Lors de chaque émission, un sujet de vie abordé par un ou plusieurs invités est traité avec des personnes pour ou contre avec en prime la réaction du public. Une émission clivante qui a ouvert quelques portes sur des sujets de société inattendus.

Rosetta
Le film *Rosetta* des frères Luc et Jean-Pierre Dardenne gagne la Palme d'Or à Cannes et son actrice principale, Emilie Dequenne, le Prix d'interprétation féminine sur la Croisette. Il raconte l'histoire de Rosetta, jeune fille licenciée, révoltée, qui se bat contre la société pour retrouver un emploi, sa dignité et une place décente dans la société.

Pokémon débarque
La France découvre ces étranges animaux qui peuplent le monde en bonne intelligence avec les humains : les Pokémon. La série ainsi que les cartes à jouer envahissent les télévisions et les cours de récréation pour le plaisir des enfants et pré-adolescents.

Sécurité routière améliorée
1972 correspond à l'année la plus mortelle concernant les accidents de la route en France : 16 545 tués ! En 1999 le nombre est réduit à 8 029 tués. Les actions menées ? La vitesse est fixée à 50 km/h en agglomération, obligation de boucler sa ceinture de sécurité à l'arrière, instauration du permis à points, le seuil d'alcoolémie passe de 0.8 g/l à 0,5 g/l, les pictogrammes de danger sur les médicaments sont instaurés.

Nokia 3210
Le téléphone Nokia 3210 qui sort cette année-là marquera une génération tant par son design que ses sonneries ou ses fonctionnalités, comme le fameux jeu du *Snake*.

MUSIQUE

L'âme stam grame
Connue pour ses mises en scène travaillées, Mylène Farmer va plus loin encore avec le clip de son titre *L'âme stram gram*. Celui-ci, qui nécessite, entre autres, la reconstitution d'une partie de la grande muraille de Chine, coûtera environ 900000 euros.

Un peu fou
Sergent Garcia est une âme sœur contemporaine de Mano Negra et des Négresses Vertes. Le groupe est fondé par Bruno Garcia, un ancien punk rocker qui s'adonne à une foule de genres musicaux exotiques : reggae, ska, salsa, cumbia, rumba... Il donne à sa fusion l'indicatif salsamuffin et y colle des messages engagés en espagnol sur l'amour, la justice et la liberté. *Un poquito quema'o* (un peu fou) porte le message du Sergent Garcia au grand public.

Flat beat
22 mars 1999. Flat Eric est une poupée créée par Quentin Dupieux (Mr. Oizo) et Janet Knechtel de Jim Henson's Creature Shop. Le mâle jaune apparaît dans certains des clips musicaux de Mr Oizo et est remarqué par le fabricant de jeans Levi's. Dupieux tourne une vidéo promotionnelle pour la marque avec Flat Eric. Pour l'accompagner, il crée le numéro de house minimaliste *Flat beat*. Ce dernier prend également son envol et devient un véritable best-seller. Mr Oizo est nommé dans la catégorie Dance aux Brit Awards. Aux côtés des Chemical Brothers, de Fatboy Slim et de Jamiroquai.

Capital
Emmanuel Chain plonge les Français dans les coulisses des grandes entreprises et autres multinationales. L'émission *Capital* nourrit l'appétit pour les reportages sur le gaspillage dans les supermarchés ou sur l'envers du décor des croisières de luxe.

1999

Britney Spears
A 18 ans, la chanteuse pop américaine Britney Spears devient une vedette mondiale avec son *Baby One More Time*, éponyme de son premier album. Dans le monde entier, jeunes filles et jeunes gens n'ont d'yeux que pour la couverture du magazine musical *Rolling Stone*, sur laquelle la séduisante Britney pose en soutien-gorge et culotte courte.

MES 18 PREMIÈRES ANNÉES
TOP 10 1999

1. **Eiffel 65 & Gabry Ponte** *Blue (Da ba dee)*
2. **Mylène Farmer** *Je te rends mon amour*
3. **David Hallyday** *Tu ne m'as pas laissé le temps*
4. **Moos** *Au nom de la rose*
5. **Emilia** *Big Big World*
6. **Larusso** *Tu m'oublieras*
7. **Mr. Oizo** *Flat Beat*
8. **Ricky Martin** *Livin' la vida loca*
9. **Sergeant Garcia** *Amor pa'mi*
10. **Britney Spears** *... Baby One More Time*

Open | Search | Scan

VOUS SOUVENEZ-VOUS ?

Caméra jetable

Mambo N°5
Le chanteur allemand Lou Bega reprend un air de Mambo du compositeur cubain Pérez Prado en y ajoutant des paroles. Le succès est fulgurant. Ce Mambo version pop latino est l'un des meilleurs tubes de l'année.

Tomber la chemise
Toute l'année se vit au rythme enjoué de *Tomber la chemise*, du groupe toulousain Zebda. Le titre reste dans le top des singles français durant 29 semaines, dont 3 à la première place !

Whitney Houston
La tournée européenne de Whitney Houston est l'événement de l'année. La chanteuse de *I Wanna Dance with Somebody* et *I will always love you* séduit le public avec sa voix unique.

SPORT

L'épopée de Calais
7 mai 2000. L'équipe de Calais, seulement en quatrième division, parvient à se hisser jusqu'en finale de la Coupe de France en éliminant sur son passage les Girondins de Bordeaux, champions de France en titre à l'époque. Une ascension mémorable de la part de l'équipe nordiste qui se retrouve opposée au FC Nantes, au Stade de France. L'image du capitaine calaisien Réginald Becque levant la coupe avec le gardien nantais Mickael Landreau restera dans les mémoires pour de longues années.

La scuderia Schumacher
8 octobre 2000. Michael Schumacher remporte un nouveau titre, son troisième personnel, mais il s'agit surtout du premier titre depuis 21 ans pour Ferrari. Le pilote allemand propulse la scuderia sur les rails du succès puisqu'il remportera à sa tête 5 championnats du monde d'affilée!

Peinture phosphorescente

Les médailles de Sydney
15 septembre - 1 octobre 2000. La France remporte 38 médailles olympiques : 13 en or ; 14 en argent et 11 en bronze. Notre pays excelle dans le cyclisme sur piste avec la victoire de Félicia Ballanger, Florian Rousseau et Laurent Gané, mais également en judo avec le triomphe de Séverine Vandenhende et David Douillet.

Euro 2000
10 juin - 2 juillet 2000. Les Pays-Bas et la Belgique accueillent cette onzième édition. Après un parcours étincelant (éliminant l'Espagne et le Portugal) et dans la lignée du sacre de 1998, l'équipe de France s'impose en finale. Ce dernier match est particulièrement intense avec un scénario terriblement cruel pour les Italiens. Wiltord égalise à la dernière minute, et Trézéguet envoie les Bleus au firmament avec une sublime demi-volée.

1 JAN 2000
Passage avec succès des systèmes informatiques à l'an 2000 dans le monde.

29 FEV 2000
Soupçonné de corruption, Roland Dumas démissionne de son poste de président du Conseil constitutionnel.

5 MAR 2000
Mort de la chanteuse et actrice française Lolo Ferrari (30 ans) au physique hors normes.

2000

Mary Pierce gagne Roland Garros
A la fin d'un parcours incroyable où elle aura battu successivement Monica Seles, Martina Hingis et Conchita Martinez, Mary Pierce gagne le second titre en Grand Chelem de sa carrière. Elle devient la chouchou du public en devenant la seule représentante tricolore à gagner le tournoi de la porte d'Auteuil.

Marie-Jo Pérec s'enfuit
Septembre 2000. Marie-José Pérec se rend en Australie pour remettre en jeu son titre de championne olympique sur le 400 et le 200m. Malheureusement son hôtel est très vite repéré par les paparazzi, tant sa rivalité avec la star locale Cathy Freeman est grande. Harcelée sans relâche, elle décide de quitter le pays sans participer aux Jeux Olympiques.

Contre-la-montre à Plouay
9 - 15 octobre 2000. Le championnat du monde de cyclisme a lieu à Plouay en Bretagne. La France se classe à la 3ème place du classement avec une médaille d'or dans la catégorie juniors du contre-la-montre pour Juliette Vandekerckhove ainsi qu'une médaille d'argent sur le contre-la-montre dans la catégorie élites pour Jeannie Longo-Ciprelli.

Triplé pour Limoges CSP
2000 est l'année de la gloire et de la domination pour le club de basket de Limoges. En championnat de France, l'équipe termine deuxième en saison régulière, mais s'impose en finale contre l'ASVEL. Rebelote en coupe de France, un nouvel affrontement contre l'ASVEL, et encore une victoire pour Limoges, qui réussit le doublé. Et c'est avec la coupe Korac, compétition européenne, que le club réalise un triplé historique contre Malaga.

ACTUALITES

Les 35h de Martine Aubry
Janvier 2000. Concrétisée par le vote de 2 lois en 1998 et 1999, la durée légale du temps de travail connaît une révolution, passant de 39 heures à 35 heures.

Crash du Concorde
25 juillet 2000. Le Concorde, vol Air France 4590, au départ de Paris et à destination de New-York se crashe après une minute et 28 secondes de vol, provoquant ainsi la mort de 113 personnes. Suite au décollage, une lamelle métallique entre en collision avec le pneu du supersonique qui prend feu en plein vol. Cet accident précipitera le retrait du Concorde du monde de l'aviation en 2003.

9 AVR 2000
L'athlète français Mohamed Ouaadi gagne le Marathon de Paris.

16 MAI 2000
Britney Spears sort son deuxième album, *Oops!... I Did It Again*, écoulé à 20 millions d'exemplaires.

4 JUN 2000
Le président russe Vladimir Poutine annonce que son pays est disposé à adherer à... l'OTAN.

La bulle internet
Le réseau internet se développe comme jamais. Les sociétés dites 'point com' dont l'activité se développe essentiellement grâce à un site internet, poussent comme des champignons. Des opérations spéculatives s'appuient désormais sur une « nouvelle économie » alimentée par les services en ligne. « La croissance avant les bénéfices » devient un nouveau credo. L'enthousiasme sans bornes ainsi créé provoque une hausse historique des actions des entreprises liées à internet. De jeunes entrepreneurs du net, à peine sortis de l'adolescence, deviennent rapidement milliardaires... sur le papier. Mais à partir de fin mars, la bulle explose. Le capital de départ de nombre d'entreprises s'épuise et il s'agit alors de réellement gagner de l'argent. De plus, les premiers scandales financiers se déclarent. Les marchés boursiers plongent de façon si vertigineuse que 5 milliards de dollars de valeurs boursières se sont évaporés en 2 ans.

Le bug de l'an 2000
La crainte d'un bug généralisé lors du passage à l'an 2000 est au cœur des préoccupations, créant ainsi une panique dans le monde entier, notamment en France. En effet, les différents systèmes pourraient interpréter le passage de l'année 1999 à l'année 2000 comme un retour à l'année 1900. La mission « Passage à l'an 2000 » est mise en place afin de mettre à jour tous les systèmes informatiques. Au total 120 milliards de francs seront dépensés.

Le Nokia 3310

Le nouveau téléphone mobile Nokia 3310 est presque indestructible. Bien souvent équipé d'un revêtement bleu foncé et de touches grises, ce nouveau téléphone mobile est un grand succès. A tel point que 126 millions de ces petits appareils costauds seront vendus. Considéré comme indestructible, il deviendra culte. De nombreuses vidéos diffusées sur internet montreront même comment certains tentent de détruire une 'brique Nokia'... souvent sans succès.

POLITIQUE

Dans les prisons
C'est au début de l'année 2000 que l'ouvrage de Véronique Vasseur sur la condition des prisonniers *Médecin-chef à la prison de la Santé*, chamboule l'opinion publique. Ce livre met en lumière une problématique trop longtemps écartée. Largement relayé par les médias, le livre permet d'ouvrir une commission d'enquête sur le sujet. Le constat est accablant : prisons insalubres et surpeuplées... Le gouvernement Jospin réagit en lançant un programme de réfection des prisons françaises.

22 JUL 2000
Décès du cinéaste Claude Sautet. Il avait réalisé le film *Les choses de la vie* avec Michel Piccoli et Romy Schneider.

12 AOÛ 2000
118 personnes perdent la vie quand le sous-marin nucléaire soviétique Koersk coule suite à une explosion.

24 SEP 2000
Adoption du quinquennat pour les élections présidentielles lors d'un referendum.

2000

ACTUALITES
INTERNATIONALES

La fièvre du millénaire
1er janvier 2000. Même si le vingtième siècle et le deuxième millénaire ont encore un an à vivre, le passage « magique » de 1999 à l'an 2000 est célébré avec enthousiasme et ferveur dans le monde entier.

Poutine président
26 mars 2000. Suite à la démission de Boris Eltsine le 31 décembre 1999, l'élection présidentielle en Russie se tient de manière anticipée le 26 mars 2000. Vladimir Poutine, président par intérim, se présente sans étiquette. En face de lui 6 autres candidats dont le représentant du Parti communiste. Poutine l'emporte avec 53,44% des voix.

Docteur Jekyll dans la ville de Hyde
La réalité dépasse la fiction : en Grande-Bretagne, Harold Shipman est condamné à la prison à vie. Ce médecin de famille a tué 15 de ses patients dans la ville de Hyde, à l'aide de doses mortelles de morphine. Certains le soupçonnent d'être à l'origine d'un total de 250 décès.

Le géocaching
1er mai 2000. En Amérique du Nord, un nouveau jeu fait de nouveaux adeptes : le geocaching ou géocachette. Il s'agit d'une activité de plein air, basée sur l'utilisation du géopositionnement par satellite (GPS). Le jeu consiste à cacher ou retrouver des 'trésors' dissimulés en divers endroits dans la nature.

Un drame à Douvres
18 juin 2000. A l'occasion d'un contrôle de routine à la sortie du tunnel sous la manche à Douvres, les douaniers britanniques font une découverte épouvantable. Dans la benne de chargement d'un poids lourd, ils trouvent parmi des caissettes de tomates 58 cadavres de citoyens chinois, victimes d'un trafic d'êtres humains.

Premier long séjour à bord de l'ISS
2 novembre 2000. L'Américain William Sheperd et les Russes Yuri Gidzenko et Sergei Krikalev rejoignent la station spatiale internationale (ISS) après un voyage de plus de 2 jours dans l'espace, à bord du vaisseau Soyouz TM-31. Les 3 voyageurs de l'espace seront les premiers à faire un long séjour dans la station spatiale. Depuis lors, celle-ci est habitée en permanence.

1 OCT 2000
Le pilote français Gilles Panizzi remporte le rallye du Tour de Corse.

10 NOV 2000
Décès de l'homme d'état Jacques Chaban-Delmas (85 ans) surnommé 'Chaban'.

12 DÉC 2000
Une crue hivernale avec des cumuls à 54,8 mm (Plougonven) se produit en Bretagne.

DIVERTISSEMENT

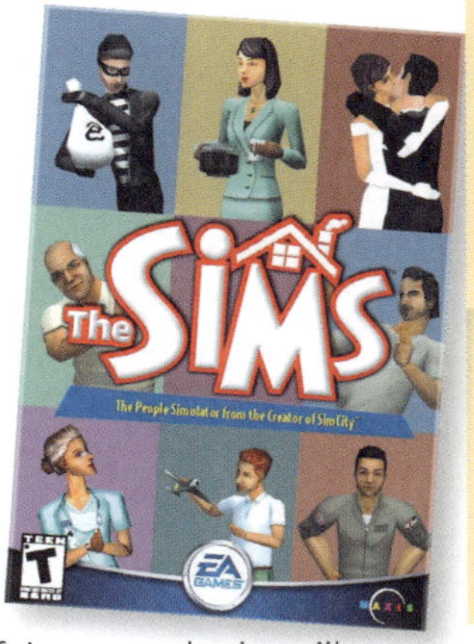

Les Sims
4 février 2000. Développé par Maxis et édité par Electronic Arts, le jeu vidéo *Les Sims* est un jeu de simulation. Les joueurs doivent répondre aux différents besoins de leurs personnages et peuvent leur faire mener la vie qu'ils souhaitent. Aucun objectif n'a été défini au sein de ce jeu, les joueurs accèdent à un univers entièrement personnalisable selon leurs envies !

PS2
4 mars 2000. Après l'OVNI de la PlayStation, Sony continue son innovation avec la sortie de la PS2. Avec des jeux célèbres comme *GTA* ou *Gran Turismo* ou encore la saga *Final Fantasy*, ses capacités de mémoire sont largement supérieures à celles de sa petite soeur.

Counter Strike
Avec 2 équipes qui s'affrontent, les terroristes et les démineurs, ce jeu de tir fait un carton dans les salles de jeux, en réseau et avec l'expansion de l'ADSL.

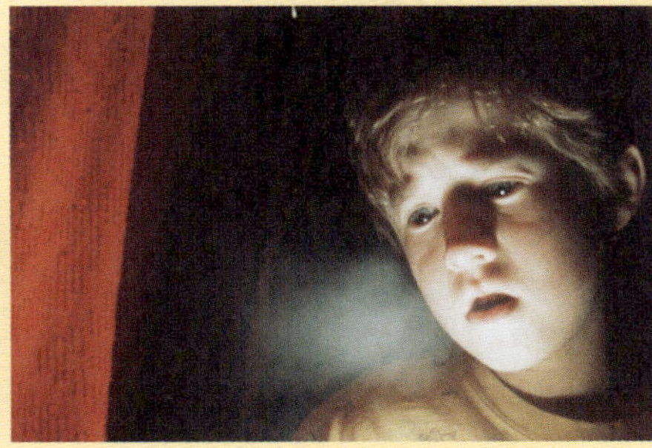

Sixième sens
5 janvier 2000. Un film captivant, un thriller fantastique bien ficelé avec Bruce Willis dans le rôle d'un psychologue pour enfants. Un jour il rencontre le jeune Cole Sear, âgé de 8 ans hanté par un terrible secret : il voit les morts !

La ligne verte
1er mars 2000. Une histoire bien singulière dans un pénitencier de Louisiane. Des condamnés à mort attendent leur sentence dans le couloir de la mort, aussi appelé 'la ligne verte'. Un jour un colosse arrive, sa gentillesse contraste avec son physique et le crime pour lequel il est accusé. Il s'avère qu'il posède des pouvoirs extraordinaires. Le surveillant en chef (Tom Hanks) se prend de sympathie pour ce gaillard.

Le Bataclan
Cette salle de spectacle parisienne mythique est malheureusement connue pour le massacre qui aura lieu en 2015. Dans les années 1980, The Cure, Siouxsie and the Banshees, et The Stranglers s'y produisent, dans les années 1990, Nine Inch Nails, Marilyn Manson, Courtney Love, Jeff Buckley, PJ Harvey, Metallica et Prince. Ce dernier compose d'ailleurs un morceau intitulé *Bataclan* en 1999.

2000

Faites entrer l'accusé
6 juin 2000. Créé et présenté au début par Christophe Hondelatte, chaque épisode retrace une grande affaire criminelle d'après-guerre. L'ambiance est assez théâtrale, sombre avec des effets de manche, de surprises, et ponctuée par des interviews. Un débat suit parfois l'émission en lien avec la thématique abordée.

Mort de Frédéric Dard
6 juin 2000. Frédéric Dard décède. Il est avant tout connu pour son personnage de roman policier : le commissaire San-Antonio aidé de son adjoint Bérurier. Au total il va écrire plus de 400 romans (175 pour San-Antonio).

Diablo 2
28 juin 2000. Développé par Blizzard, *Diablo II : Lord of Destruction* est comme son prédécesseur *Diablo*, un jeu d'action et de rôle à jouer en solo ou avec d'autres joueurs. Le joueur peut s'aventurer dans un univers médiéval ultra créatif avec une liberté de déplacement jamais vue. Le jeu connaît un véritable succès avec plus d'un million d'exemplaires vendus en 2 semaines.

Des poussins virtuels
Le 'poussin' virtuel japonais Tamagotchi perturbe les nuits de ses propriétaires, qui doivent s'évertuer à éduquer à toute heure cet étrange animal technologique.

Qui veut gagner des millions ?
3 juillet 2000. Jeu télévisé d'origine britannique, l'émission *Qui veut gagner des millions ?* fait son apparition en France sur TF1, présentée par le célèbre animateur Jean-Pierre Foucault. 15 questions de culture générale, des jokers et des blagues de Jean Pierre Foucault ainsi que sa question fétiche « c'est votre dernier mot ? » font la renommée de l'émission.

Une cigarette ?
En 2000, la moyenne de cigarettes fumées par jour est respectivement de 5,2 pour les hommes et 3,5 pour les femmes. Il y a 33% de fumeurs réguliers chez les hommes et 21% chez les femmes. La consommation réelle des fumeurs s'élève à 13,8 cigarettes quotidiennes pour les hommes et 12,7 pour les femmes.

Morning Live
3 juillet 2000. Michael Youn réveille la télévision avec le *Morning Live*. Diffusée chaque matin de 7h à 9h, l'émission regroupe cuisine, météo, musique, people..., ponctuée par des clips et des flashs d'information. L'émission devient rapidement incontournable.

Sept à Huit
Septembre 2000. Cette nouvelle émission diffusée sur TF1 et présentée par Laurence Ferrari et Thomas Hugues est rapidement devenue une référence. Chaque semaine de nouveaux reportages, témoignages, faits divers érigent l'émission *Sept à Huit* comme un incontournable de la télévision, en embarquant son audience dans l'actualité du moment.

On a tout essayé
19 septembre 2000. Diffusée sur France 2, l'émission *On a tout essayé* est présentée par Laurent Ruquier accompagné de 6 chroniqueurs. À caractère humoristique, cette émission française retrace les différentes actualités du jour à travers l'intervention, l'analyse et les traits d'humour d'une série de chroniqueurs.

Une pluie d'Oscars
Le film *Gladiator*, avec Joaquin Phoenix et Russell Crowe dans les rôles vedettes, est un véritable carton au box-office. Pour les besoins du tournage de ce péplum dramatique et historique, on reconstitue même une partie du Colisée de Rome sur l'île de Malte. Le film attirera des millions de spectateurs devant le grand écran et récoltera aussi 5 Oscars.

Tigre et Dragon
4 octobre 2000. Un des meilleurs films d'arts martiaux, mélangeant du fantastique, de la poésie et de l'aventure. Un scénario solide, des images sublimes, des chorégraphies d'arts martiaux impressionnantes et le charme de Michelle Yeoh dans le rôle de Yu Shu Lien en font un incontournable. Tan Dun assure la musique.

On ne peut pas plaire à tout le monde
6 octobre 2000. Connu aussi sous l'acronyme ONPP, c'est un talk-show présenté par Marc-Olivier Fogiel. Autour d'invités du show-biz et du monde politique, l'émission se propose de revenir sur l'actualité de la semaine passée sur un ton généralement polémique.

Un nouveau Robinson
Seul au Monde fait un malheur. C'est le film dans lequel Tom Hanks incarne un naufragé solitaire réfugié sur une île et qui se lie d'amitié avec… un ballon de volleyball surnommé Wilson. Les prises de vues sont interrompues pendant un an pour permettre à Tom Hanks de perdre 25 kilos et de se laisser pousser les cheveux et la barbe. Pendant cette interruption, l'équipe du tournage réalise un autre film, *Apparences*. Autre production remarquée mais moins sérieuse cette année : *Scary Movie*, un film d'horreur parodique truculent.

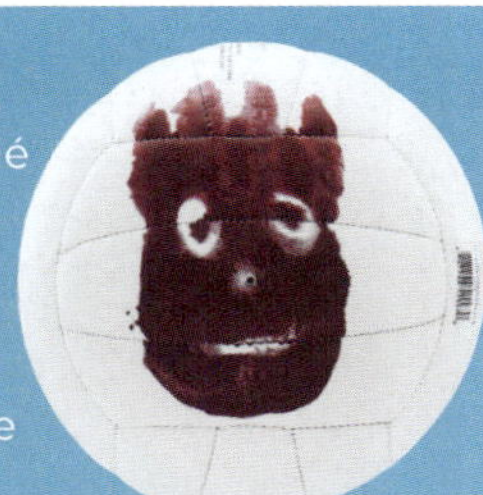

2000

Sex and the City
18 octobre 2000. La série raconte le parcours sentimental et professionnel de 4 amies new-yorkaises, trentenaires et célibataires. Leurs échanges autour de leurs rencontres amoureuses ou sexuelles sont croustillants.

Chicken Run
13 décembre 2000. Ce film est réalisé par Nick Park, le créateur de *Wallace et Gromit*, et Peter Lord. Le film est animé en pâte à modeler. L'histoire autour des poules, des poulets, du coq américain en recherche de liberté donnera lieu à des parodies.

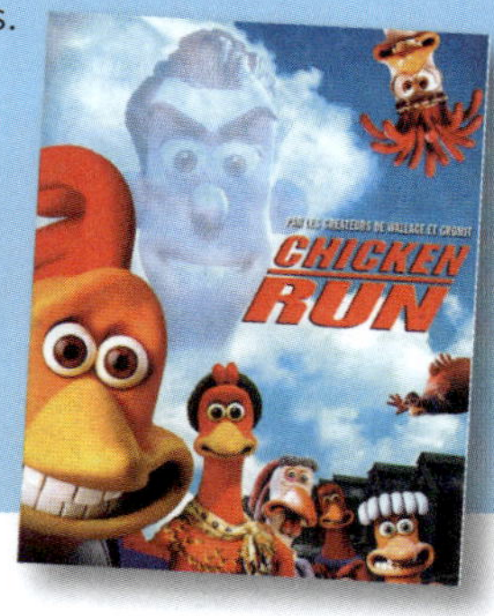

Le Visiophon d'Omar & Fred
Séquence phare de l'émission *Nulle part ailleurs* sur Canal+ et créée par le producteur Kader Aoun, *Le Visiophon* met en avant le nouveau duo comique formé par Omar Sy et Fred Testot. Un programme hebdomadaire humoristique où les 2 acteurs et humoristes incarnent tour à tour différents personnages qui contactaient Canal +.

Incassable
27 décembre 2000. Un thriller fantastique où on retrouve Bruce Willis, dans le rôle d'un homme 'incassable'. Samuel L. Jackson de son côté joue un rôle étrange et sombre qui essaie de débusquer ces êtres particuliers parfaits et 'surhumains'.

Le goût des autres
1er mars 2000. Sortie de cette comédie dramatique française réalisée par Agnès Jaoui. Le film renontre un très grand succès, en se plaçant en 9ème position au box-office français lors de l'année 2000. Le scénario suit le quotidien de Castella (Jean-Pierre Bacri), un entrepreneur mélancolique qui tombe amoureux de sa prof d'anglais (Anne Alvaro). Nommé à 9 reprises pour la 26ème cérémonie des César, il remporte 4 prix dont celui du meilleur film et du meilleur scénario.

Les vidéo-clubs
Avec l'avènement des DVD à partir de 1998, c'est l'explosion des vidéo-clubs à travers la France. On en compte environ 5 000. Mais très vite c'est la décrue, on dénombre en mars 2023 une dizaine de vidéo-clubs seulement. Internet, les abonnements via la fibre, la VOD ont eu raison de ces boutiques. Les derniers survivants s'appellent JM Vidéo à Paris, avec une collection de 50 000 DVD, ou encore le Vidéo Club de la Butte avec 15 000 titres. Une autre référence, Vidéosphère, arrête en 2021 et transfère ses 20 000 VHS et 35 000 DVD à la Bibliothèque Nationale de France.

MUSIQUE

Et un jour une femme
Florent Pagny est déjà très connu quand il chante cet hymne à toutes les femmes, et en particulier à sa femme Azucena.

Lady
4 septembre 2000. C'est la première chanson du groupe français Modjo (genre French Touch, Nu-disco). La chanson va atteindre le Top 10 dans plus de 30 pays. Le groupe se sépare en 2002, ainsi Modjo va rester associé à vie à ce titre.

Les dix commandements
4 octobre 2000. Première de la comédie musicale française écrite par Lionel Florence, Patrice Guirao et composée par Pascal Obispo. La première représentation a lieu le 4 octobre au Palais des Sports de Paris. On retiendra le chanteur Daniel Lévi dans le rôle de Moïse et son interprétation de *L'envie d'aimer* et *Mon frère* en duo avec Ahmed Mouici.

Succès du MP3
La technique de compression du son MP3 est à son apogée. Via la plate-forme Napster, elle permet de charger et d'écouter ses musiques et chansons favorites sans bourse délier. Mais il faut dire que le procédé n'est pas vraiment légal ; le secteur des artistes et de la musique tire à boulets rouges sur ce Napster, que tout le monde continue à utiliser. Les procédures juridiques auront finalement raison de la plate-forme, qui disparaîtra en 2001.

Chambre avec vue
17 octobre 2000. Henri Salvador, à l'âge de 82 ans, connaît à nouveau un grand succès après une longue traversée du désert. L'album *Chambre avec vue* devient le best-seller le plus inattendu de l'année. Le jazzman est aidé par des jeunes comme Keren Ann Zeidel, Benjamin Biolay et Thomas Dutronc. Il reçoit même la visite de Françoise Hardy et de l'harmoniciste Toots Thielemans. La fusion romantique de la chanson française et de la bossa nova est récompensée par de nombreux prix et un grand succès commercial.

Le lounge
St Germain est le nom de scène de Ludovic Navarre. Après avoir débuté comme DJ dans le milieu de la nuit parisienne, il commence à faire de la deep house et de la techno dans son home studio. Mais il est beaucoup plus éclectique. Navarre aime aussi le jazz et la soul. En 2000, le célèbre label Blue Note lui demande d'enregistrer un disque. *Tourist* est un exercice intelligent entre l'ancien et le nouveau et apparaît à une époque où le lounge devient populaire. Sa synthèse sophistiquée d'électronique et de jazz sera entendue pendant des années sur toute la planète.

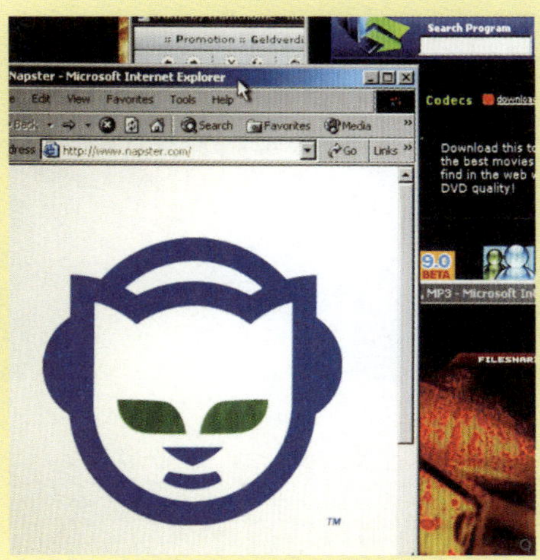

The Real Slim Shady
Déjà au sommet du rap américain, Eminem sort son troisième album *The Marshall Mathers LP* en mai 2000, avec notamment la musique *The Real Slim Shady*. Un succès immédiat aux USA et à l'international avec près de 1,8 millions de ventes en une semaine, un record pour un artiste solo.

Alizée, nouvelle Lolita
Découverte lors de l'émission *Graines de Star*, Alizée commence doucement à s'installer dans le monde de la musique. Mais c'est avec la sortie du tube *Moi...Lolita* sur l'album *Gourmandises* que sa carrière prend un autre tournant. La chanson reste pendant 7 mois dans le Top 10 des singles vendus en France. Alizée devient rapidement l'idole des ados.

One more time
Premier single qui annonce la sortie du nouvel album *Discovery*, du fameux duo casqué les Daft Punk. Grand classique de la musique électronique et des années 2000, la chanson impacte fortement toute la culture mondiale, il imprègne rapidement et durablement les publicités, jeux vidéo, films, etc.

MES 18 PREMIÈRES ANNÉES
TOP 10 2000

1. **Coldplay** *Yellow*
2. **Tom Jones** *Sex Bomb*
3. **Daniel Levi** *L'envie d'aimer*
4. **Madonna** *Music*
5. **Henri Salvador** *Jardin d'hiver*
6. **Hélène Ségara** *Il y a trop de gens qui t'aiment*
7. **Britney Spears** *Oops!... I Did It Again*
8. **St Germain** *Rose rouge*
9. **U2** *Beautiful Day*
10. **Yannick** *Ces soirées-là*

Open | Search | Scan

Garou
Premier album solo du chanteur québécois Garou intitulé *Seul*. La chanson du même nom reste pendant 10 semaines consécutives à la première place du classement des ventes de singles en France. Une musique puissante et émouvante, lançant définitivement la carrière de Garou dans la culture musicale francophone.

RÉPONSE PHOTOS Copyright 2024, TDM Rights BV.
Photos: A Andreas Rentz - Bongarts - Getty Images / **B** Haslin Frederic - Corbis Sport - Getty Images / **C** Christian Liewig - Corbis - Corbis Sport - Getty Images / **D** Picture alliance - Getty Images / **E** Alexis Duclos - Gamma-Rapho - Getty Images / **F** Antoine Gyori - Corbis - Sygma - Getty Images / **G** Universal History Archive - Universal Images Group Editorial - Getty Images / **H** Barry Paterson - Shutterstock / **I** Hulton Archive - Getty Images / **J** Sergio Gaudenti - Sygma - Getty Images / **K** Daniel Simon - Gamma-Rapho - Getty Images / **L** Micheline Pelletier - Sygma - Getty Images / **M** Archive Photos - Moviepix - Getty Images / **N** Hulton Archive - Getty Images / **O** Eric Fougere - Corbis Entertainment - Getty Images / **P** Alain Benainous - Gamma-Rapho - Getty Images / **Q** Bruno Vincent - Getty Images Europe - Getty Images / **R** Sal Idriss - Redferns - Getty Images / **S** Didier Baverel - Sygma - Getty Images.

SPORT

L'épopée de Clément
15 janvier 2001. Le tennisman Français Arnaud Clément arrive en tant qu'outsider sur l'Open d'Australie. Un tournoi bien maitrisé jusqu'au huitième de finale en battant le jeune Federer avant d'affronter Kafelnikov. Victoire en 5 sets pour ensuite gagner encore en 5 sets, dans un duel fratricide face à Grosjean. Un parcours qui s'arrêtera en finale contre André Agassi.

VOUS SOUVENEZ-VOUS ?

Etui de mobilophone

Michel Desjoyaux
10 février 2001. Outsider de la compétition, Michel Desjoyaux, après plusieurs mois en mer, remporte le Vendée Globe. Pas qu'une simple victoire, Michel réussit l'exploit de battre le record de l'épreuve avec un temps de 93 jours, 3 heures, 57 minutes et 32 secondes. Un temps mémorable, le tout avec un bateau de série, moins rapide que les bateaux des concurrents.

Championne en devenir
10 juin 2001. A 18 ans, Kim Clijsters est la première joueuse de tennis belge à remporter un tournoi du Grand Chelem : Roland Garros. Elle bat en finale l'Américaine Jennifer Capriati 1-6, 6-4 et 12-10.

Troisième Tour Armstrong
Grand favori de la compétition, l'américain Lance Armstrong sort vainqueur du Tour de France, avec une avance de plus de 7 minutes sur le deuxième coureur, et ceci pour la troisième fois d'affilée.

Triplé de Kuerten
10 juin 2001. Après ses victoires en 1997 et 1998, le Brésilien, dans les meilleurs joueurs du monde, s'impose à Roland Garros en 2001. Un moment mémorable avec la victoire en finale en 4 sets face à l'Espagnol Corretja, voyant ainsi, une des légendes de ce sport, gagner son troisième titre sur ce tournoi historique.

25 JAN 2001
L'Allemande Jutta Kleinschmidt, sur Mitsubishi, remporte le 23e rallye Paris-Dakar.

19 FEV 2001
La mort du chanteur français Charles Trenet (87 ans), surnommé 'le fou chantant'.

23 MAR 2001
Lancement de l'encyclopédie numérique Wikipédia en français.

2001

Monsieur F1
2 septembre 2001. Michael Schumacher remporte le Grand Prix de Formule 1 de Spa-Francorchamps en Belgique. C'est sa 52e victoire, une de plus que le Français Alain Prost. L'Allemand devient ainsi recordman du nombre de victoires en F1.

ACTUALITES

Tous en trottinette
Nouvelle tendance avec l'arrivée en force de la trottinette popularisée par des stars comme Britney Spears ou encore Paris Hilton mais aussi par le développement des pistes cyclables et zones piétonnes. Un contexte favorable pour un moyen de transport alternatif, particulièrement populaire auprès des enfants.

France Algérie arrêté
6 octobre 2001. La première rencontre de l'histoire opposant la France à l'Algérie au stade de France se termine de manière précoce. A la 74ème minute, les supporters algériens envahissent le terrain, et le match ne reprendra pas, malgré les appels au calme de la ministre des Sports, Marie George Buffet, en tribune ce soir-là.

L'abbé Pierre à l'honneur
19 avril 2001. Grande marque de reconnaissance avec la célébration du 19 avril au Palais de l'Elysée de la cérémonie de remise de la Légion d'honneur pour l'abbé Pierre (88 ans). Un symbole important délivré par le président Jacques Chirac pour un homme qui a donné sa vie à la lutte contre la pauvreté.

11 AVR 2001
La cour d'appel de Dijon décide de ne poursuivre personne dans l'affaire Grégory.

22 MAI 2001
Le décès de William Hanna, producteur de dessins animés comme *Les Pierrafeu.*

25 JUN 2001
Fin du procès de L'Ordre du Temple Solaire. Michel Tabachnik est relâché au bénéfice du doute.

Amélie Poulain
25 avril 2001. Le fabuleux destin d'Amélie Poulain est l'un des plus grands succès commerciaux de l'histoire du cinéma français. Le film montre une impression chaleureuse de la vie à Montmartre.

Sur Seine
Belle initiative du maire de Paris, Bertrand Delanoë avec la fermeture des berges de Seine en période estivale. Une mesure limitant la pollution mais permettant surtout aux piétons et aux cyclistes de profiter librement le long de la Seine. Un succès retentissant, tant auprès des touristes que des Parisiens.

Fin de la conscription
27 juin 2001. Un tournant majeur dans l'histoire de l'armée française avec la fin du service militaire obligatoire. Une décision permettant une meilleure professionnalisation dans l'armée mais un impact surtout social, avec la possibilité pour les jeunes de plus facilement s'orienter vers d'autres choix de carrières.

Explosion à Toulouse
21 septembre 2001. A Toulouse, un stock de 300 tonnes de nitrate d'ammonium explose dans l'usine pétrochimique AZF et fait 31 morts et plus de 2 500 blessés. Une des plus grandes catastrophes industrielles de France.

POLITIQUE

Indipendenza
13 mai 2001. Création du parti politique Corse qui prône l'indépendance en rassemblant plusieurs autres partis avec cette même idée. Un mouvement soutenu par la population locale et qui valorise la non-violence pour atteindre ses objectifs.

9 JUL 2001
Le Real Madrid achète à la Juventus Zinédine Zidane pour la somme record de 74,7 millions d'euros.

25 AOÛ 2001
Décès à Paris, de l'acteur et chanteur Philippe Léotard (60 ans), frère de l'ancien ministre François Léotard.

6 SEP 2001
A Castellane, la préfecture fait dynamiter la statue de Gilbert Bourdin, ancien leader du mouvement du Mandarom.

2001

Egalité professionnelle
9 mai 2001. 2 lois importantes promulguées pour le combat de l'égalité homme-femme. La première facilite l'accès aux femmes à des postes à responsabilités, la revalorisation des salaires et surtout la lutte contre la discrimination. La deuxième garantit une meilleure répartition dans les postes gouvernementaux et dans les instances politiques.

Apôtre de la paix
10 décembre 2001. Le Secrétaire général des Nations Unies Kofi Annan, reçoit, conjointement avec son organisation, le prix Nobel de la paix.

Le traité de Nice
26 février 2001. Ce jour est signé un traité avec comme objectif de réformer les institutions de l'Union européenne et permettre à l'avenir d'accueillir 25 membres. Plusieurs problématiques y sont évoquées, que ce soit sur l'économie, le social ou encore l'environnement.

La fin de Mir
23 mars 2001. La Russie met un point final à son programme Mir. Après avoir effectué de bons et loyaux services, la station spatiale du même nom est sortie de son orbite, perd de l'altitude et revient dans l'atmosphère terrestre, pour ensuite se désintégrer. La plupart des débris tomberont en mer à l'est de la Nouvelle-Zélande.

Mouvement policier
C'est en début de septembre que commence le mouvement de protestation de nombreux policiers. Pendant plusieurs semaines la police proteste contre les conditions de travail, la rémunération et surtout le manque de reconnaissance. En conséquence, plusieurs réformes sont adoptées.

ACTUALITES INTERNATIONALES

Wikipedia
15 janvier 2001. Un entrepreneur de l'internet, Jimmy Wales, un rédacteur, Larry Sanger et un programmeur, Ben Kovitz, mettent en ligne une nouvelle encyclopédie : Wikipedia. Elle permet à chacun de lire les informations qu'elle contient mais aussi d'en ajouter de nouvelles. Le nom est formé à partir du mot hawaïen 'wiki' (rapide) et de l'anglais 'encyclopedia'. Les premières pages sont publiées le 15 janvier. Wikipedia devient le troisième site web le plus visité au monde.

WIKIPEDIA

1 OCT 2001
L'épouse du président, Bernadette Chirac, publie son livre *Conversation*.

3 NOV 2001
En Afghanistan, le journaliste français Michel Peyrard est libéré par les talibans après 25 jours de détention.

2 DÉC 2001
A Melbourne, la Coupe Davis de tennis est remportée par la France face à l'Australie par 3 victoires à 2.

Premier touriste de l'espace

28 avril 2001. Le citoyen américain Dennis Tito a payé 20 millions de dollars pour effectuer un court séjour dans la station spatiale internationale ISS. Ce premier 'touriste de l'espace' est parti de la base de lancement de Baïkonour, au Kazakhstan, pour un séjour de 7 jours et 22 heures dans l'espace.

Milošević

28 juin 2001. Le transfert de Slobodan Milošević au Tribunal pénal international pour l'ex-Yougoslavie de La Haye, aux Pays-Bas, représente un véritable jalon dans l'histoire du droit international. L'ancien président serbe comparaît pour des crimes de guerre et des crimes contre l'humanité commis sous son autorité au Kosovo, en Croatie et en Bosnie-Herzégovine.

Le 11 septembre

11 septembre 2001. Vous savez vraisemblablement encore où vous étiez ce jour-là, où l'incroyable et effroyable se sont produits. A 8 heures 46, heure locale, un avion détourné s'écrase sur l'une des 2 tours jumelles du World Trade Center à New York. Et un quart d'heure

plus tard, un autre avion piraté transperce la deuxième tour. Les 2 gratte-ciel sont totalement ravagés, prennent feu et finissent par s'écrouler dans un déluge de flammes, de fumée et de poussière. Les images de télévision diffusées en direct montrent des scènes d'épouvante que personne n'oubliera jamais: des occupants des tours désemparés se jetant dans le vide, des piétons affolés tentant d'échapper au nuage de poussière... Une demi-heure plus tard, un troisième avion s'écrase sur le Pentagone, le quartier général du département de la Défense. Et un quatrième appareil, qui devait vraisemblablement viser la Maison Blanche, s'écrase dans une prairie proche de la ville de Pittsburgh, alors que des passagers ont tenté de maîtriser les terroristes. Ces attentats, attribués à Al-Qaïda, ont fait près de 3 000 morts.

Une paix furtive

18 septembre 2001. L'optimisme est de mise concernant le Proche-Orient : le leader palestinien Yasser Arafat a interdit à ses compatriotes de tirer sur des Israéliens et Israël a accepté un cessez-le-feu. Mais dès octobre, la situation se dégrade déjà, lorsque les attentats suicides se multiplient et que les Israéliens assiègent la maison d'Arafat. Le nouveau premier ministre israélien Ariel Sharon refuse le dialogue avec Arafat.

Avec nous ou contre nous !

21 septembre 2001.

Le président américain George Bush tient une allocution particulièrement musclée, après les attentats du 11 septembre. Non seulement il déclare la guerre au terrorisme : « chaque nation, dans toutes les régions, doit à présent prendre une décision : ou bien vous êtes avec nous, ou bien vous êtes avec les terroristes ». La principale cible de cette « guerre au terrorisme », c'est Oussama ben Laden, le fondateur d'Al-Qaïda. Il est considéré comme le cerveau organisateur des attentats et s'est réfugié en Afghanistan.

Guerre en Afghanistan

7 octobre 2001. Le combat des Occidentaux contre le terrorisme commence par l'opération 'Paix Durable', au cours de laquelle des troupes américaines et anglaises pénètrent en Afghanistan. Les Talibans islamistes y sont au pouvoir dans une grande partie du pays, qui offre l'hospitalité et des possibilités d'entraînement aux terroristes d'Al-Qaïda. Les troupes occidentales gagnent rapidement du terrain sur les Talibans et tuent plusieurs hauts responsables d'Al-Qaïda mais ben Laden reste introuvable.

iPod

23 octobre 2001. Apple met sur le marché un baladeur numérique portable pour la diffusion de musique. Ce nouveau iPod coûte 399 dollars et abrite un disque dur de 5 gigabytes.

XP et XBOX

25 octobre 2001. Grandes nouvelles chez Microsoft : fin octobre, la firme annonce le lancement du système d'exploitation Windows XP, destiné à l'utilisateur domestique. Un mois plus tard, c'est la sortie de la première XBOX, destinée, elle, aux fans des jeux électroniques. Cette sixième génération de console de jeux vidéo doit concurrencer la fameuse PlayStation 2. La XBOX permet non seulement d'utiliser une série de jeux mais aussi de regarder des films et de sauvegarder de la musique. Elle ravira dans un premier temps la première place des ventes à la PlayStation grâce à son jeu *Halo : Combat Involved* mais la console de jeux de Sony reprendra plus tard son leadership.

Nouvelle catastrophe aérienne
12 novembre 2001. Un autre avion s'est écrasé aux Etats-Unis. On craint une nouvelle attaque terroriste mais si le vol American Airlines 587 s'est crashé dans le quartier new yorkais de Queens, c'est à la suite d'une manoeuvre du pilote, qui tentait de faire échapper son appareil aux turbulences créées par le décollage d'un autre avion. Le bilan : 265 morts.

Le Segway
3 décembre 2001. Un inventeur américain, Dean Kamen, annonce à grand fracas la naissance d'un nouveau moyen de transport. Baptisé Segway, il s'agit d'un deux-roues muni d'un moteur destiné au piéton. Jugé sur l'engin, l'utilisateur le fait avancer en se penchant vers l'avant et l'arrête en se redressant. L'invention ne fera pas vraiment recette. Lorsque le fabricant renonce à le produire en 2020, guère plus de 140 000 exemplaires ont été vendus.

Fin d'un dangereux penchant
15 décembre 2001. Privés de visite pendant 11 ans, les touristes peuvent à nouveau gravir les marches de la célèbre Tour de Pise, en Italie. Ces années ont été mises à profit pour effectuer des travaux permettant de rectifier de 60 centimètres le dangereux 'penchant' de la Tour.

DIVERTISSEMENT

Harry Potter
Harry Potter à l'école des sorciers est la version filmée du premier livre de la série *Harry Potter*, publié par l'auteure britannique J.K. Rowling. La cathédrale de Gloucester sert de décor aux scènes se déroulant dans le pensionnat pour jeunes sorcières et sorciers. Leur tournage ne se déroule pas sans mal : la presse locale est inondée de missives accusant le livre *Harry Potter* d'être blasphématoire.

Shrek!
4 juillet 2001. Le film d'animation *Shrek* fait sa première apparition dans les salles. Le monstre vert est conçu par l'auteur américain de bandes dessinées William Steig. Accompagné d'un âne bavard, l'ogre vert est chargé par le seigneur local de délivrer et ramener une princesse que le noble veut épouser pour devenir roi et... reprendre le pouvoir dans le marécage sur lequel il est censé régner.

VOUS SOUVENEZ-VOUS ?

Les sacs Eastpak

2001

Koh-Lanta

4 août 2001. Présentée par Hubert Auriol (photo) la première saison, c'est Denis Brogniart qui va par la suite devenir l'animateur 'vedette' de cette émission de téléréalité et d'aventures. Une quinzaine de candidats débarquent sur une ile et doivent 'survivre' avec les moyens du bord, ... Jeu d'alliance, de traitrise, de stratégie, tous les coups sont permis pour finir le dernier et empocher la somme de 100 000 euros.

Le Pacte des loups

31 janvier 2001. Classique du cinéma d'horreur français réalisé par Christophe Gans inspiré par la légende de la bête du Gévaudan qui terrorisa une partie de la France au XVIIIe siècle. Un film mêlant à la fois horreur, aventure et fait historique qui saura conquérir un public international faisant du *Pacte des loups*, une référence du genre.

Loft Story

26 avril 2001. Révolution à la télé française en cette rentrée. Steevie, Loana et leurs amis vont incarner la première téléréalité, sur M6. Tous les soirs, Benjamin Castaldi nous raconte la journée des 'lofteurs', leurs petites histoires et grands émois. Un feuilleton de plusieurs semaines qui ouvrira la voix au genre en France.

Star Academy

20 octobre 2001. Grande première pour la nouvelle émission de téléréalité regroupant 15 candidats entre 18 et 25 ans s'affrontant pour être le meilleur chanteur. Armande Altaille, Kamel Ouali et une cohorte de professeurs aideront les participants à améliorer leurs qualités de chants, danse et émouvront les Français. Jennifer sera la grande gagnante de cette première édition.

Le seigneur des anneaux

19 decembre 2001. The Fellowship of the Ring est le titre de la première partie de la trilogie cinématographique de Peter Jackson, tirée du bestseller éponyme de Tolkien. Le film est truffé d'animations numériques, de maquillages spectaculaires et autres effets spéciaux. Le récit met en scène le hobbit Frodo Baggings, chargé de détruire un anneau magique avant que le Maître des ténèbres Sauron s'en empare.

Burger Quiz

27 aout 2001. Parodier les émissions de quiz TV de manière décalée avec un succès foudroyant, seul Alain Chabat peut nous offrir ce spectacle. Accompagné d'invités prestigieux, tous les soirs, 2 candidats vont s'affronter pour gagner 2 voyages ou une voiture en collectant les miams. Un concept original, très apprécié des téléspectateurs qui sont au rendez-vous tous les soirs.

VOUS SOUVENEZ-VOUS ?

Pistolet à eau

MUSIQUE

Etoiles de la musique
Deux des chanteuses les plus populaires du moment sont Alicia Keys et Kylie Minogue. La première fait parler d'elle avec son premier album *Songs in A Minor* et son premier simple *Fallin*, la seconde est omniprésente : elle fait un gros succès avec *Can't Get You out of My Head*, un morceau qu'elle chante aussi comme actrice invitée dans le sitcom *Men Behaving Badly*.

Itunes
9 janvier 2001. A San Francisco, Apple lance son tout nouveau logiciel de lecture multimedia permettant d'avoir accès à divers services de musique et autres en ligne, ou encore de gérer son 'Apple device'.

Amélie Poulain
La bande originale de Yann Tiersen participe au succès du film. Le compositeur breton de formation classique, qui a un passé dans le rock, a réimaginé pour moitié des œuvres antérieures. Son style associe la musique minimale, le nouveau classique, le folktronica et le post rock. Tiersen utilise souvent des instruments inhabituels. Comme le son d'une roue de vélo dans la chanson *La dispute*. La vente s'écoule à 900 000 disques en France.

Shaggy
Shaggy conquiert les charts. *It Wasn't Me* de la star du reggae jamaïquain et RikRok est un mega succès. Quelques mois plus tard il surprend de nouveau avec le morceau *Angel*, une collaboration avec Rayvon.

Princesse Pop
En février 2001, Britney Spears signe un contrat promotionnel avec la firme Pepsi portant sur 7 à 8 millions de dollars. Son troisième album *Britney* sort en novembre. Il est vendu à 12 millions d'exemplaires. Pendant la cérémonie de remise des MTV Video Music Awards, la chanteuse apparaît en compagnie d'un serpent, ce qui ne manque pas de provoquer une certaine animation. *Don't Let Me Be the Last to Know*, *Overprotected* et *I'm a Slave 4 U* sont ses principaux succès.

Noir Désir
28 août 2001. Issu de l'album *Des visages, des figures* de Noir Désir, le single *Le vent nous portera* fait mouche : 250 000 exemplaires vendus. La chanson va faire l'objet de nombreuses reprises, dont celle de Sophie Hunger.

MES 18 PREMIÈRES ANNÉES
TOP 10 2001

1. **Alizée** *Moi... Lolita*
2. **Gilbert Bécaud & Serge Lama** *Le train d'amour*
3. **Manu Chao** *Me gustas tu*
4. **Eminem & Dido** *Stan*
5. **Geri Halliwell** *It's Raining Men*
6. **Gotan Project** *Epoca*
7. **L5** *Toutes les femmes de ta vie*
8. **Kylie Minogue** *Can't Get You Out Of My Head*
9. **Noir Désir** *Le vent nous portera*
10. **Yann Tiersen** *Comptine d'un autre été (...)*

Open | Search | Scan

Monsieur 100 000 volts
18 décembre 2001. Gilbert Bécaud meurt sur sa péniche Aran sur la Seine à Boulogne-Billancourt. Il avait 74 ans. Le chanteur est resté actif jusqu'au dernier moment. Il avait souhaité terminer en beauté par trois concerts à l'Olympia en octobre. « Pour célébrer le nouveau millénaire ». Mais le cancer du poumon l'a empoigné trop violemment. Son fils Gaya publira à titre posthume les albums *Je partirai* (2002) - également connu sous le nom de *Le nouvel album* - et *Suite* (2005). Bécaud est enterré au célèbre cimetière du Père-Lachaise à Paris.

La revanche du tango
Gotan Project surprend le monde avec un mélange de tango et de musique électronique. Le premier album *La revancha del tango* contient des extraits de discours de Che Guevara et d'Eva Peron. La chanson *Last tango in Paris* est un remix de la chanson composée pour le film éponyme (1972).

Alizée
Mylène Farmer écrit les textes et coproduit l'album *Gourmandises* d'Alizée avec Laurent Boutonnat. Les singles *Moi... Lolita, L'Alizé, Gourmandises* et *Parler tout bas* font connaitre la jeune chanteuse.

SPORT

Jeux Olympiques de Salt Lake City
24 février 2002. La France remporte 14 médailles dont 4 en or, 2 en ski alpin et 1 en snowboard. On retiendra aussi le sacre en patinage artistique de Gwendal Peizerat et Marina Anissina.

La France gagne le Six-Nations !
6 avril 2002. Emmenée par son capitaine Fabien Galthié, la France remporte le Tournoi en réalisant le grand chelem pour la première fois dans la nouvelle configuration à 6 pays.

VOUS SOUVENEZ-VOUS ?

Appareil photo numérique

L'OL sur le fil !
4 mai 2002. Au terme d'un final étourdissant face au RC Lens, l'Olympique Lyonnais remporte le premier titre de Champion de France de son histoire. Il sera suivi par 6 autres sacres consécutifs.

Tour du monde à la voile
5 mai 2002. A bord de leur maxi-catamaran Orange, Bruno Peyron et son équipage pulvérisent l'ancien record d'Olivier de Kersauson de plus de 7 jours, en 64 jours, 8 heures, 37 minutes et 24 secondes.

Roland-Garros : duel de coeur !
8 juin 2002. Les sœurs Williams s'affrontent en finale du tournoi parisien et c'est Serena qui l'emporte cette fois ! Ce duel avait déjà eu lieu à l'US Open l'année précédente et c'est Venus qui l'avait emporté.

17 JAN 2002
400 000 personnes fuient après l'éruption du volcan Nyiragongo, dans l'est du Congo.

12 FEV 2002
Le procès de l'ancien président de Serbie et de Yougoslavie, Slobodan Milošević, s'ouvre à La Haye aux Pays-Bas.

24 MAR 2002
Halle Berry est la première actrice de couleur à remporter l'Oscar de la meilleure actrice pour son rôle dans *A l'ombre de la haine*.

2002

Cinquième étoile pour le Brésil
30 juin 2002. Le Brésil remporte sa 5ème Coupe du Monde, survolant l'épreuve et battant l'Allemagne 2-0 en finale. La France, tenante du titre, rate sa compétition en ne sortant même pas de la phase de poule.

Schumi trop fort
21 juillet 2002. Michael Schumacher s'impose au Grand Prix de France de Formule 1. Au classement général, son avance est telle qu'il est sacré champion du monde 6 courses avant la fin du championnat !

Un Tour de France à effacer ?
28 juillet 2002. Lance Armstrong gagne la Grande Boucle facilement, trop facilement, puisque ce Tour et 6 autres lui seront retirés à la suite d'un dopage avéré et systématisé. On se réjouira cette année-là du maillot à pois rouge de meilleur grimpeur remporté par « Jaja », Laurent Jalabert.

Quintais roi de la pétanque
Philippe Quintais est intouchable ! Il gagne la compétition en équipe (triplette) et le titre individuel en précision. Impressionnant !

ACTUALITES

L'Euro remplace le Franc !
1er janvier 2002. Le passage à l'Euro marque un tournant majeur pour l'Europe. Le 1er janvier, l'Euro est introduit comme monnaie officielle dans 12 pays. Les billets et pièces en euros sont mis en circulation, tandis que les anciennes monnaies sont progressivement retirées. Le fameux taux de conversion a été calculé avec 5 chiffres derrière la virgule, 1 euro valant alors 6,55957 francs. Les habitudes et les références vont avoir du mal à s'effacer de l'inconscient collectif des Français après plus de 40 ans avec le nouveau franc. Les arrondis vont vite profiter à certains et les consommateurs observeront une augmentation larvée de certains produits.

Yves Saint Laurent se retire de la mode
8 janvier 2002. Après 44 ans et sa première collection Trapèze, ce monstre sacré de la mode se retire dans un discours empreint d'émotions envers ses pairs.

1 AVR 2002
Les Pays-Bas sont le premier pays au monde à légaliser l'euthanasie.

11 MAI 2002
Après 8 949 représentations, le rideau tombe sur la comédie musicale *Cats* à Londres.

27 JUN 2002
John Entwistle (57 ans), bassiste de The Who, décède d'une crise cardiaque.

Le parc Vulcania
20 février 2002. Le parc Vulcania est inauguré à l'heure symbolique de 20h02. La première année, il va enregistrer plus de 625 000 visiteurs. Le concept pédagogique n'attire pas assez de visiteurs, c'est pourquoi des investissements sont planifiés dans plus d'attractions ludiques et d'autres activités annexes. Dès 2008, le parc est remis sur les rails.

José Bové, paysan particulier
20 juin 2002. Poursuivi et condamné pour dégradation d'un McDonald's en août 1999 à Millau, José Bové, paysan et syndicaliste anti-mondialiste se rend à la prison en tracteur pour effectuer sa peine de quelques semaines. Il sera libéré un 14 juillet, tout un symbole !

Choix du nom de famille pour l'enfant
4 mars 2002. C'est un changement notable : avec la promulgation de la loi relative au nom de famille, on pourra donner à la naissance de l'enfant le nom du père ou de la mère, ou les deux noms accolés dans l'ordre souhaité.

Patrick Dils libéré
24 avril 2002. Reconnu innocent, Patrick Dils est libéré après 13 ans de prison pour avoir avoué deux crimes d'enfants en 1987 alors qu'il avait 16 ans, crimes qu'il n'a pas commis. Il s'agit d'une erreur judiciaire retentissante, mettant en accusation les aveux obtenus par la force par la police. L'Etat va lui verser 1 146 000 euros à titre de dédommagement.

Inondations records dans Le Midi
8-9 septembre 2002. Phénomène violent, des pluies diluviennes vont frapper le Sud de la France, principalement le Gard, le Vaucluse et l'Hérault. En deux jours, c'est l'équivalent de dix mois de pluie qui sont tombés. On comptera une vingtaine de morts, de nombreux blessés et des dégâts estimés à 1,2 milliards d'euros. Au-delà des chiffres c'est la mise en évidence d'événements climatiques violents et d'infrastructures inadaptées.

La voiture de l'année
6 mai 2002. La Peugeot 307, berline compacte, décroche le titre de voiture de l'année à l'échelle européenne. Lancée en 2001, elle sera produite jusqu'en 2008 en France, 2011 en Argentine et 2014 en Chine. Au total, la production va s'élever à presque 3,8 millions de véhicules.

21 JUL 2002
Le géant américain des télécommunications WorldCom clôture ses comptes, la plus grande faillite jamais enregistrée aux États-Unis.

6 AOÛ 2002
Dissolution d'Unité radicale, le groupuscule auquel appartenait le militant d'extrême droite Maxime Brunerie.

14 SEP 2002
Tim Montgomery (USA) établit le record du monde du sprint sur 100 mètres à 9,78, soit une amélioration de 0,01.

2002

Loi Perben

9 septembre 2002. Cette nouvelle loi institue des centres éducatifs fermés comme alternatives à l'incarcération pour mineurs et crée des établissements pénitentiaires adaptés. Elle modifie l'article 4 de l'ordonnance de 1945, permettant la rétention des mineurs de 10 à 13 ans dans un local de police, sous autorisation judiciaire, pour un maximum de 12 heures, renouvelable une fois, en cas de crime ou délit puni d'au moins 5 ans.

Attentat sur Jacques Chirac

14 juillet 2002. L'attentat a lieu lors du défilé militaire à Paris, où le Président de la République Jacques Chirac est la cible d'un tireur armé. Un policier est légèrement touché et l'assaillant est vite maitrisé sur place. Un incident qui va soulever des questions concernant la sécurité et le terrorisme en France.

200 millions de visiteurs à la Tour Eiffel !

28 novembre 2002. Monument emblématique de la France, la célèbre tour achevée en 1889 est l'un des sites les plus prisés par les visiteurs français ou étrangers. La preuve : on fête ses 200 millions de visiteurs en cette fin d'année.

ACTUALITES INTERNATIONALES

Découverte du SRAS en Chine

En novembre 2002, on détecte en Chine, à Foshan, une épidémie de SRAS (Syndrome Respiratoire Aigu Sévère), causée par le coronavirus SARS-CoV. C'est une première alerte qui touchera « seulement » quelques milliers de personnes et fera environ 10% de morts sur le nombre de patients atteints, soit environ 800 personnes.

POLITIQUE

Jacques Chirac président

5 mai 2002. Jacques Chirac s'impose facilement avec 82,21 % des voix contre 17,79 % pour Jean-Marie Le Pen. Les Français ont tranché, ils ne veulent pas du Front National à l'Elysée.

17 OCT 2002

L'ancien président américain Jimmy Carter reçoit le prix Nobel de la paix.

13 NOV 2002

Le pétrolier Prestige naufragé inonde de pétrole la côte de Galice en Espagne.

28 DÉC 2002

Reid Hoffman et ses associés lancent le réseau commercial en ligne LinkedIn à Mountain View, en Californie.

Affaire Enron
15 janvier 2002. Le cabinet Arthur Andersen est dans la tourmente. En effet celui-ci a couvert le géant américain de l'énergie qui a dissimulé des milliards de dollars de dettes à travers des pratiques comptables frauduleuses. Puis c'est la faillite, provoquant des pertes massives, la destruction de milliers d'emplois et la réduction à néant de milliers de retraites. Arthur Andersen, grand cabinet d'audit impliqué dans le scandale en détruisant des documents compromettants, finit par être dissout. Deux sénateurs américains font voter la mise en place de nouvelles réglementations en matière de gouvernance d'entreprise, la loi Sarbanes-Oxley, pour améliorer la transparence financière.

Ingrid Betancourt enlevée !
23 février 2002. Candidate à l'élection présidentielle en Colombie, Ingrid Betancourt est enlevée par les FARC (Forces Armées Révolutionnaires de Colombie). Son enlèvement va susciter une vague d'indignation nationale et internationale. Elle va être retenue captive pendant plus de six ans dans des conditions difficiles. En 2008, une opération militaire audacieuse appelée “Opération Jaque” permet de la libérer ainsi que 14 autres otages. La fin d'un long cauchemar.

VOUS SOUVENEZ-VOUS ?

Rouleau de film

Mariage dans l'informatique
3 mai 2002. Les 2 sociétés Compaq et HP (Hewlett-Packard), acteurs majeurs dans l'informatique, fusionnent pour créer le numéro un mondial des ordinateurs personnels, des imprimantes et des serveurs. Au fil des ans, le mariage s'avère en demi-teinte : la marque Compaq va doucement disparaitre et HP y laissera une partie de son ADN et de sa culture d'entreprise.

Swissair, c'est fini
31 mars 2002. C'est la fin de la compagnie aérienne fondée en 1931. Les résultats catastrophiques en lien avec le marasme aérien suivant les attentats du 11 septembre 2001 ont eu la peau de cette compagnie, emblème de tout un pays.

Création de la société SpaceX
6 mai 2002. Un certain Elon Musk crée la société SpaceX avec pour objectif de réduire les coûts des vols spatiaux. On connait la suite, les contrats avec la NASA, les fusées réutilisables, ... un prochain voyage sur Mars ?

Tuerie de Johann Gutenberg
26 avril 2002. Une fusillade intervient au lycée Gutenberg à Erfurt en Allemagne. Un étudiant de 19 ans expulsé de cet établissement est revenu armé jusqu'aux dents. Il va tuer 17 personnes dont 15 professeurs ou employés administratifs de l'école avant de se suicider.

2002

Attentat à Karachi
8 mai 2002. Un bus transportant des employés de la Direction des Constructions Navales (DCN) explose à la suite du déclenchement à distance d'une mine magnétique. On dénombre 13 morts, dont 11 Français. La piste de groupes islamistes extrémistes est privilégiée. Cet attentat va être un point de tension dans les relations entre la France et le Pakistan. L'enquête va révéler des liens avec des groupes terroristes et va confirmer des enjeux géopolitiques complexes dans la région.

Traité sur les armes nucléaires
25 mai 2002. « Président Poutine, merci beaucoup. Laura et moi sommes très reconnaissants pour votre hospitalité et votre amitié. C'est un jour historique et plein d'espoir pour la Russie et l'Amérique. C'est aussi un jour historique pour le monde. » C'est ainsi que le Président américain George W. Bush commence son discours alors qu'il vient de signer avec son homologue russe un traité dans lequel les deux pays s'engagent à réduire drastiquement le nombre d'armes nucléaires.

Guerre USA - Irak
12 septembre 2002. À peine un an et un jour après les attentats du 11 septembre 2001, le gouvernement américain envisage d'envahir l'Irak. Bien que celui-ci ne soit pas impliqué dans les attaques, l'Amérique soupçonne Saddam Hussein de posséder des armes de destruction massive. La « guerre contre le terrorisme » de Bush veut mettre un terme à cet état de fait supposé. Le président américain exhorte l'ONU à forcer l'Irak à se désarmer. L'Irak ignore cet ordre, après quoi Bush reçoit en novembre l'autorisation du Congrès d'entrer en guerre contre le pays.

Prise d'otages à Moscou
26 octobre 2002. À la suite de la prise d'otages du 23 octobre dans un théâtre de Moscou, Vladimir Poutine valide l'assaut donné par les forces spéciales russes en utilisant un gaz incapacitant. Le bilan est catastrophique : on compte 128 morts parmi les otages.

Le Nord transpire !
31 décembre 2002. Mesurée dans l'hémisphère Nord, 2002 est l'année la plus chaude jamais enregistrée. Il fait en moyenne trois quarts de degré de plus que la normale !

Sommet de la Terre
26 août 2002. De nombreux dirigeants mondiaux sont présents à Johannesburg, en Afrique du Sud. La plus grande conférence des Nations Unies à ce jour est entièrement consacrée au « développement durable ». L'une des conclusions les plus importantes de la conférence est que les ressources sont rares et limitées, et qu'il ne va donc pas de soi que les pays occidentaux prospères continuent à vivre sur les mêmes bases. Il est nécessaire d'investir dans la connaissance et la technologie pour remplacer les énergies fossiles à l'avenir. Cette transition énergétique deviendra un thème de plus en plus important dans les années à venir.

L'Europe s'agrandit
13 décembre 2002. L'Europe dit « oui » à une expansion majeure. Les États membres conviennent que Chypre, l'Estonie, la Hongrie, la Lettonie, la Lituanie, Malte, la Pologne, la Slovénie, la Slovaquie et la République tchèque rejoindront le club en 2004.

Amélie Poulain plane sur les César
2 mars 2002. Le film *Le fabuleux destin d'Amélie Poulain* remporte 4 César : meilleur film, meilleur réalisateur, meilleurs décors et aussi meilleure musique pour la bande originale de Yann Tiersen. Entre 2001 et 2010, le film sera sélectionné à 133 reprises et obtiendra 59 récompenses ! Cette cérémonie 2002 offrira aussi le César du meilleur acteur à Michel Bouquet et celui de la meilleure actrice à Emmanuelle Devos.

Ça bouge chez Walt Disney
16 mars 2002. Le Parc Walt Disney Studios est inauguré aux Etats-Unis. Il s'agit du deuxième parc sur le thème de la télévision et du cinéma. Il va attirer plus de 2 millions de visiteurs dès sa première année d'exploitation.

DIVERTISSEMENT

Astérix & Obélix - Mission Cléopâtre
30 janvier 2002. Un des plus gros succès du cinéma français avec presque 15 millions de spectateurs et des records d'audience lors du passage du film à la télévision. Une pléiade de vedettes s'y donne la réplique : Gérard Depardieu, Christian Clavier, Monica Bellucci, Djamel Debbouze, Alain Chabat, etc. Ce même Alain Chabat est aussi le réalisateur et le scénariste du film, avec des dialogues percutants, devenus culte pour certains.

Y a que la vérité qui compte
10 juin 2002. Dans la catégorie « talk-show », cette émission a eu son heure de gloire. Présentée par Pascal Bataille et Laurent Fontaine, le concept était le suivant : une personne demande à la production d'en inviter une autre sur le plateau pour « lui faire une déclaration importante ». La personne invitée ne sait pas qui l'a invitée et encore moins le motif. Après un résumé de la situation au public, puis un échange entre les 2 protagonistes, la personne invitée décide ou non d'ouvrir le rideau qui la sépare de l'autre. Belles retrouvailles parfois ou blessures trop profondes qui se réouvrent en direct...

2002

L'auberge espagnole
19 juin 2002. Réalisé par Cédric Klapisch, il s'agit du premier opus d'une trilogie qui sera suivi par *Les poupées russes* en 2005 et *Casse-tête chinois* en 2013. Les quatre acteurs principaux, Romain Duris, Audrey Tautou, Cécile de France et Kelly Reilly, figurent dans les 3 films. *L'auberge espagnole* raconte avec talent la vie et les péripéties amoureuses d'étudiants colocataires en programme Erasmus à Barcelone. Gros succès avec près de 3 millions de spectateurs.

Bob l'éponge
1er juillet 2002. En plein milieu de l'océan Pacifique, les aventures mouvementées de Bob l'éponge et de ses amis poissons et crustacés, à Bikini Bottom, la petite bourgade subaquatique où il fait bon vivre. Le succès de la série américaine est planétaire, avec la diffusion dans plus de 200 pays.

Le pianiste
25 septembre 2002. Le film réalisé par Roman Polanski est basé sur le roman autobiographique de Władysław Szpilman, un pianiste juif polonais. L'histoire se déroule en Pologne au début de la seconde guerre mondiale. Elle met en évidence les atrocités de la guerre et la musique comme moyen d'échapper à l'horreur. L'acteur principal Adrien Brody est prodigieux. Le film obtient la Palme d'or du Festival de Cannes, puis 7 César et 3 Oscar l'année suivante.

Minority Report
2 octobre 2002. Réalisé par Steven Spielberg, le film est basé sur la nouvelle du même nom de Philip K. Dick publiée en 1956. L'action se déroule dans un futur proche où une unité de police utilise des "pré-cogs" (êtres humains dotés de capacités psychiques hors du commun) pour prédire les crimes avant qu'ils ne se produisent. Le protagoniste, John Anderton (interprété par Tom Cruise), est le chef de cette unité. Lorsque les « pré-cogs » prédisent qu'Anderton lui-même commettra un meurtre, il se retrouve en fuite, cherchant à prouver son innocence. Suspense, mais aussi réflexion sur les implications éthiques de la surveillance et sur la nature de la justice et du contrôle.

Bernard Fresson tire sa révérence
20 octobre 2002. Acteur de cinéma et de théâtre, sa carrière décolle dans les années 1960 avec des performances marquantes dans des films comme *Un Condé, Max et les ferrailleurs* et *Garçon !* En plus de ses rôles au grand écran, il a également brillé sur les planches. Sa réputation sera toutefois lourdement entachée par des violences conjugales lors de sa liaison avec Annie Girardot.

Daniel Gélin nous quitte
29 novembre 2002. Daniel Gélin décède à l'âge de 81 ans. Acteur de théâtre et de cinéma, sa carrière va s'étaler de 1940 à 1998. Il sera aussi metteur en scène au théâtre, écrivain, poète, un vrai touche-à-tout. Côté film, on se souviendra de *Rendez-vous de juillet* (1949), *Rue de l'Estrapade*, (1953) et *L'homme qui en savait trop* (1956). Ses 5 enfants feront tous carrière au cinéma excepté Pascal, décédé très jeune.

Les 2 tours
18 décembre 2002. Adapté de la célèbre œuvre de J.R.R. Tolkien *Le seigneur des anneaux*, il s'agit du deuxième tome de la trilogie. Le film réalisé par Peter Jackson rend une fois de plus à merveille l'esprit de l'œuvre écrite, les moyens numériques ayant permis de réaliser des prouesses impossibles quelques années auparavant. Le succès est au rendez-vous. Avec plus de 7 millions de spectateurs en France, il sera le film ayant engrangé le plus d'argent au box-office en 2002 avec 926 millions de dollars.

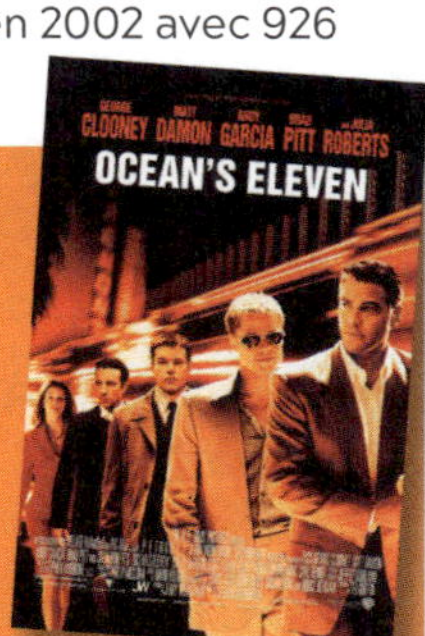

Ocean's eleven
Un casting de stars - Brad Pitt, George Clooney, Matt Damon, Julia Roberts - pour ce film grand spectacle dans lequel Danny Ocean (Georges Clooney) et dix équipiers veulent braquer en même temps trois casinos de Las Vegas. Pourquoi ? Parce que l'ex-femme de Danny est aujourd'hui l'épouse du patron des casinos en question... Bien que l'opération ait été minutieusement préparée et planifiée, les imprévus s'en mêlent.

Dernier tour de piste pour *X-Files*

Saison 9 pour *X-Files*, la dernière, qui comptera 20 épisodes avec 3 comédiens emblématiques : Gillian Anderson (photo) dans le rôle de Dana Scully, David Duchovny dans le rôle de Fox Mulder et pour les saisons 8 et 9 Robert Patrick, dans le rôle de l'agent spécial John Doggett. Une série populaire de 202 épisodes qui comptera de nombreux fans.

MUSIQUE

Tu trouveras
Natasha St Pier se fait connaître au grand public par la chanson *Tu trouveras* composée par Lionel Florence (paroles) et le compositeur Pascal Obispo qui l'accompagne au chant. Le titre va rester dans le top 10 pendant 18 semaines et le Top 50 pendant 25 semaines.

Chanteuses pop

Ce sont les années des stars pop américaines. Christina Aguilera a mis fin à sa bonne image avec le single *Dirty* et Britney Spears a même été nommée « célébrité la plus influente du monde » par le magazine Forbes.

2002

Jenifer gagne *Star Academy*

12 janvier 2002. La saison 1 de l'émission *Star Academy* démarre en 2001 et la première gagnante sera Jenifer. Le concept de l'émission présentée par Nikos Aliagas : 16 candidates et candidats sont enfermés dans un château pour devenir de futures stars de la chanson. Au programme, du chant, mais aussi du sport, de la danse, du théâtre, etc. ... Chaque samedi soir, lors d'un prime, les téléspectateurs votent pour conserver 1 des 3 nominés (les 3 moins bons élèves de la semaine). Les élèves en sauvent 1 également et le dernier est éliminé, ainsi de suite jusqu'à la victoire finale. Cette émission va permettre de faire éclore quelques talents notables comme Jenifer, Nolwenn Leroy, Elodie Frégé ou Grégory Lemarchal.

W

MES 18 PREMIÈRES ANNÉES
TOP 10 2002

1. **Shakira** *Whenever, wherever*
2. **Indochine** *J'ai demandé à la lune*
3. **Natasha St-Pier** *Tu trouveras*
4. **Marc Lavoine / C Morocco** *J'ai tout oublié*
5. **Renaud & Axelle Red** *Manhattan-Kaboul*
6. **Johnny Hallyday** *Marie*
7. **Las Ketchup** *The ketchup song (aserejé)*
8. **Vanessa Carlton** *A thousand miles*
9. **De Palmas** *Regarde-moi bien en face*
10. **Alicia Keys** *Fallin'*

Open | **Search** | **Scan**

Y

Eminem derrière la caméra

22 octobre 2002. Gros succès pour Marshall Mathers alias Eminem. Le rappeur américain réalise le film *8 Mile*. Eminem reçoit même un Oscar pour la chanson titre *Lose Yourself* de son film semi-autobiographique. L'album *The Eminem Show*, sorti plus tôt cette année-là, est l'un des albums les plus vendus de l'année dans le monde.

Shakira, star mondiale

28 janvier 2002. La chanson *Whenever, wherever* fait décoller la carrière de Shakira. C'est un tsunami international, numéro 1 dans plus de 20 pays dans le monde, des récompenses dans une quinzaine de pays, disque de diamant en France pour avoir vendu plus de 750 000 exemplaires. Un carton planétaire !

X

Coldplay

26 août 2002. Le groupe britannique Coldplay perce auprès du grand public avec son deuxième album studio *A Rush of Blood to the Head*. Plusieurs titres comme *Clocks* et *The Scientist* propulsent le groupe du chanteur Chris Martin en tête des ventes.

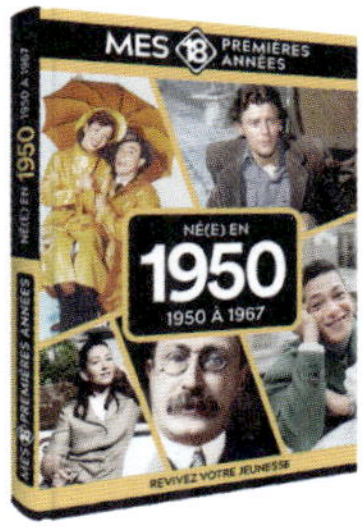

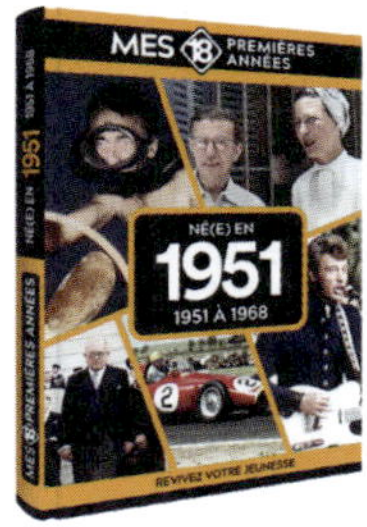

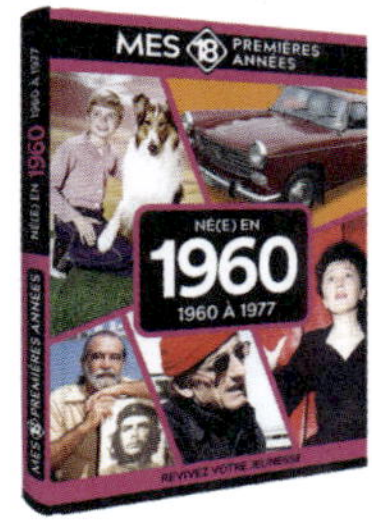

MES 18 PREMIÈRES ANNÉES

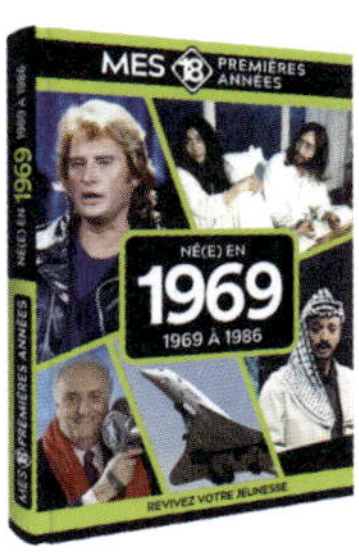

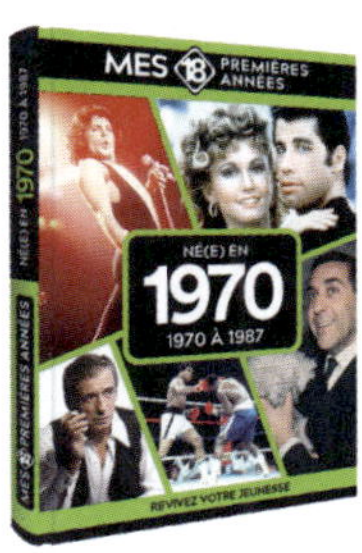

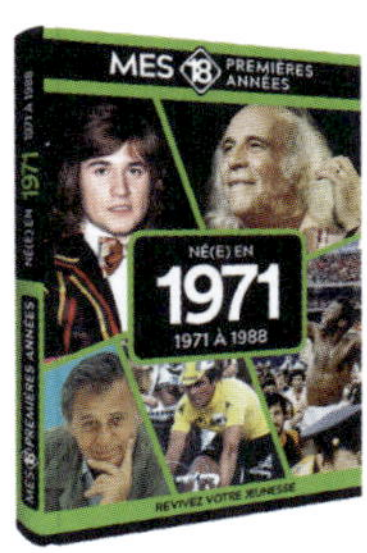

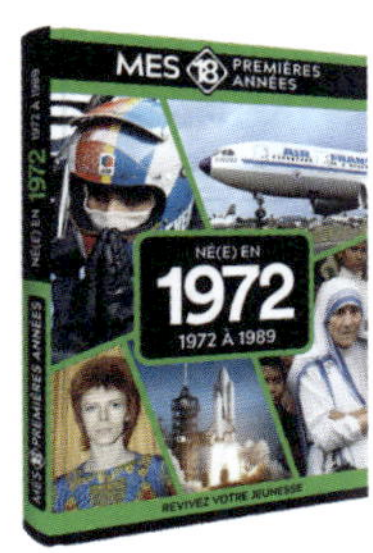

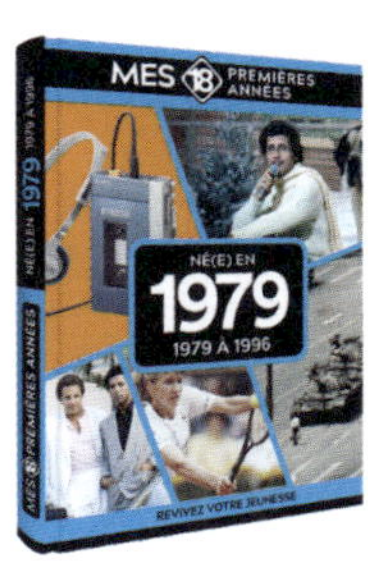

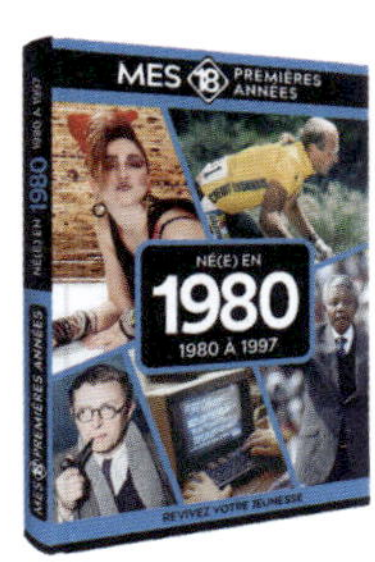